Liebe Leserin, lieber Leser,

als vor mehr als zwei Jahren das öffentliche Leben einfror, brach auch für uns eine Welt zusammen: unsere Arbeitswelt. Wir wurden, wie Millionen Menschen, auf unsere Kleinstfamilien zurückgeworfen, sahen uns nur noch auf Bildschirmen – selbst dieses Heft haben wir zum großen Teil aus dem Homeoffice produziert.

Wir haben unsere Kinder zu Hause betreut, haben unsere Eltern monatelang nicht gesehen, enger mit unseren Partnern zusammengehockt, als wir uns das jemals vorstellen konnten, und haben überraschend stark die Dinge vermisst, die vor Corona ein Hintergrundrauschen in unserem Leben waren: die Umarmung auf dem Flur am Geburtstag, die spontane Verabredung zum Mittagessen, der Besuch im Nachbarbüro, um eine Viertelstunde lang über nichts Bestimmtes zu reden.

Die Pandemie hat endgültig bewiesen: Menschen sind Beziehungstiere. Wir brauchen einander, und wir brauchen mehr als die eine große Liebe. Wir brauchen Väter, Mütter, Kinder, Freund*innen, Kolleg*innen, und manchmal einen Hund.

In diesem Heft haben all diese Beziehungen einen Platz gefunden. Wir wünschen Ihnen viel Spaß beim Lesen.

Herzliche Grüße

Gesa Gottschalk *Diana Laarz*

Redaktion GEO WISSEN

inhalt

Beziehungen

GEO WISSEN

No. 76

Beziehungen: Was uns mit Menschen verbindet

Dossier: Was uns mit Tieren verbindet

Impressum, Bildnachweis 85; Die Welt von GEO 146;Titelbild: Malte Jäger/DEEPOL by plainpicture.
Alle Fakten und Daten sind vom Verifikations- und Rechercheteam im **Quality Board** auf ihre Präzision, Relevanz und Richtigkeit überprüft worden. Kürzungen in Zitaten werden nicht kenntlich gemacht.
Redaktionsschluss: 13. April 2022. Themen früherer Hefte und Kontakt zur Redaktion: *www.geo-wissen.de*

› Auf der Titelseite angekündigte Themen

Beste Freunde Was passiert, wenn zwei mittelalte Männer noch mal paddeln gehen, wie damals? **124**

Dossier

Der beste Freund hat Fell
Sind Hunde die besseren Männer? Wie lassen sich Pferde fallen? Ist Tierhaltung moralisch? Und wie wandert ein Lama? **94**

Mensch, Mama! Kinder und Mütter – ein kompliziertes Verhältnis, auch wenn die Kinder erwachsen sind **118**

Sich blind aufeinander verlassen, gemeinsam erwachsen im Team aufgehen: Sieben Frauen und Männer über die

Protokolle:
Gesa **Gottschalk**, Diana **Laarz**, Katharina **von Ruschkowski**, Bertram **Weiß**

Meine

werden, nach 40 Jahren noch Schmetterlinge fühlen,
wichtigen Beziehungen in ihrem Leben

Ihre Mitte gefunden: Feuerwehrfrau Anna Rathjen im Kreis ihrer Kollegen. Im Ernstfall vertrauen sie einander ihr Leben an

Menschen

Natalie Fink mit ihren Lebenspartnern Michael (vorn) und Yannick. Schon mit 18 wusste sie, dass ihr eine klassische Paarbeziehung nicht reicht. Inzwischen sind die drei verheiratet und planen Kinder

Liebe zu dritt

***Natalie Fink**, 26, Anthropologin, Freiburg*

Mit einem meiner Partner kam ich schon in der Schule zusammen. Lange waren wir dann mit unserem zweiten Partner befreundet. 2016 entschied er, sich mit uns auf eine polyamore Beziehung einzulassen. Nun sind wir seit fast sechs Jahren zu dritt. Wir erfahren viel Hass und Ablehnung. Meinen Partnern wird etwa die Männlichkeit abgesprochen, ich werde zum Alibi für eine eigentlich homosexuelle Beziehung erklärt. Fremde Menschen fordern uns auf, unsere Partnerschaft nur hinter verschlossenen Türen zu führen.

Früher litt ich sehr darunter, doch irgendwann wuchs mir ein dickes Fell. Denn ich liebe das Gemeinschaftsgefühl zu dritt, die Reibereien, die ereignislosen Tage und manchmal sogar die Unsicherheit, die Polyamorie mit sich bringt.

Meine Partner sind für mich eine Inspiration: Heterosexuelle Männer, die einander Familie sein wollen, kaum eifersüchtig sind und meine Selbstbestimmung höher halten als ihr eigenes Besitzdenken. Beide sind unendlich individuell, aber in ihren Überzeugungen ähnlich: liebevoll, feministisch, mutig. Wir möchten und können auf niemanden mehr verzichten.

Sexualität spielt bei uns keine größere Rolle als bei monogamen Paaren. Auch wenn wir in fast allen Aspekten des Lebens die Dreisamkeit schätzen, geschieht Intimität zu zweit. Kuscheln zu dritt ist hingegen an der Tagesordnung.

Unser Leben zu dritt wird gewiss nicht immer leicht. Doch wir lernen immer mehr Familien wie die unsere kennen. Denn es gibt viele von uns, aber nur im Geheimen: die Angst vor dem Outing ist noch zu groß. Ich hoffe, dass ich andere polyamore Menschen mit meiner Offenheit ermutigen kann, freier zu leben.

Im Sommer 2021 haben wir geheiratet: Zwei von uns sind jetzt juristisch verheiratet, die dritte Person durfte aber den Namen mit auf die Urkunde setzen. Das Recht ist zwar nicht vollständig auf unserer Seite, aber wir drei sind schon mal ein Anfang.

Die Mannschaft

***Malissa Volgmann**, 32, Basketball-Spielerin bei der 2. Frauenmannschaft der Hamburg Towers*

Ich habe mit sieben Jahren mit Basketball angefangen, in verschiedenen Mannschaften gespielt, eine Zeit lang auf Leistungsniveau. Ich war sehr ehrgeizig und kann mich gut erinnern, dass ich ungern etwas von meiner Spielzeit oder meine Position abgegeben habe.

Inzwischen gehe ich hauptsächlich zum Basketball, um Spaß zu haben. In unserer Mannschaft spielen Frauen zwischen 18 und 43 Jahren. Und natürlich zicken wir uns im Training und im Spiel mal an, wenn es nicht gut läuft. Aber wir können hinterher schnell darüber reden, und dann ist das auch vergessen. Wir kennen uns auch einfach zu gut. Das passiert automatisch, wenn man zusammen in einem Team ist.

Basketball ist ein sehr rasantes Spiel, ich muss meine Mitspielerinnen jederzeit gut im Blick haben, um schnell weiterpassen zu können, nachdem ich den Ball erhalten habe. Noch besser ist es natürlich, wenn man die anderen Frauen so gut kennt, dass man ohne hinzusehen weiß, wo sie stehen, und blind passt.

Ich versuche die anderen aus meiner Mannschaft im Training zu beobachten und auch ihren Charakter kennenzulernen. Ist jemand eher schüchtern und zurückhaltend, dann bleibt sie eher ein paar Meter hinten, hitzige Temperamente stürmen nach vorn.

Für mich ist diese Mannschaft so etwas wie ein „safe space“. Ich habe meine Familie und meinen privaten Freundeskreis. Außerdem habe ich meine Kollegen und Kolleginnen bei der Arbeit. Die Mannschaft ist ein dritter Kreis, irgendetwas dazwischen. Ich kann zum Training kommen und sagen: „Heute hatte ich einen Scheißtag.“ Ich kann dann, aber ich muss nichts weiter erklären.

Wir spielen zusammen, und im besten Fall verstehen wir uns blind. Das ist immer ein saugutes Gefühl.

Die 2. Damen der Hamburg Towers beim Training: Für Malissa Volgmann (Mitte) bildet ihr Team eine dritte, wichtige Gruppe neben Freunden und Arbeitskolleg*innen

Als sie sich kennenlernten, bezeichnete sich Engelbert als Anarchist. Seit fast einem halben Jahrhundert sind Nila Sebastian und er glücklich miteinander, und seine linke Armkuhle ist für sie der schönste Ort der Welt

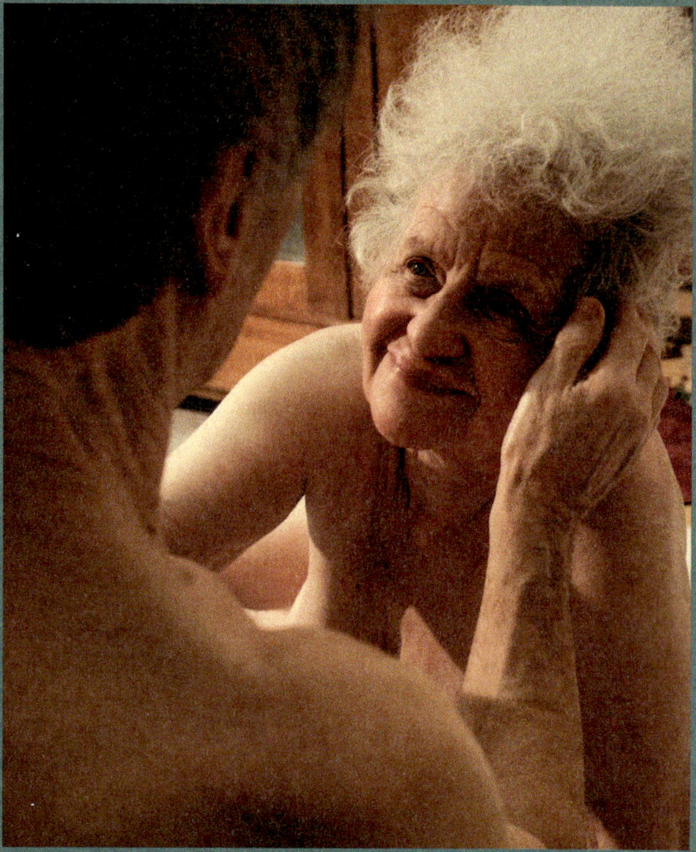

Glück zu zweit

***Nila Sebastian**, 86, Rentnerin, Berlin*

Kaum jemand gab unserer Beziehung eine Chance. Doch neun Jahre nach einer gescheiterten Ehe und trotz einiger Enttäuschungen war ich bereit, es noch einmal zu wagen. Ich war eine 42-jährige alleinerziehende und allein verdienende Mutter von zwei Söhnen. Engelbert war 28 und meinte, er sei nicht bindungsfähig. Wir trafen uns im Berliner Kulturklub Weiße Rose am Wartburgplatz. Er trug eine grüne Trachtenweste und hatte einen schwarz-roten Stern ans Hemd gesteckt. Ich fragte ihn nach der Bedeutung des Sterns. Es sei der Stern der Anarchisten, sagte er. Dass er aus Oberbayern kam, war leicht zu hören. Wir gingen dann noch mit einer Gruppe tanzen zu einem Fest im Hof eines Kreuzberger Abrisshauses. Engelbert, der zwei Straßen weiter wohnte, bot mir an, mit ihm zu gehen, damit ich nicht in aller Herrgottsfrühe ins entfernte Märkische Viertel fahren musste. Als ich in seinem Bett lag, bat ich ihn, meinen Rücken zu streicheln. Als seine Hand mich berührte, durchrieselte mich ein Schauer. Es war, als hätte Engelbert ein Geheimfach meiner Seele geöffnet.

Wir sind jetzt seit 44 Jahren zusammen und haben manche Klippen umschifft. Ich schaue dankbar auf diese Jahre zurück. Ich hätte nie geglaubt, dass wir so glücklich würden. Engelbert ist meine große Liebe. 2001 haben wir geheiratet, seitdem ist unsere Beziehung noch inniger und schöner geworden.

Wir lieben beide das Wandern und Bergsteigen in den Alpen und den Dolomiten. Nach dem Mauerfall haben wir jedes Wochenende Brandenburg erkundet. Und immer noch gibt es zwischen uns diese zärtliche Energie. Es kommt vor, dass wir gemeinsam am Abendbrottisch sitzen und ich spüre einen Schub Liebe, der von ihm herüberkommt. Wenn wir uns berühren, ist es immer noch elektrisierend. Erst am vergangenen Sonntag habe ich ihn am Nachmittag in mein Bett gelockt. Wir haben miteinander geschlafen. Es war tief und so schön, dass ich hinterher hätte weinen können.

Das Schönste ist für mich, in Engelberts linker Armkuhle zu liegen und mich anzukuscheln.

Beste Freunde

Friederike Opitz, *15, Schülerin in Hamburg*

Klar, ich hatte auch in der Grundschule Freundinnen, und wir waren ziemlich dicke miteinander, aber meine Freundschaften jetzt sind schon etwas anderes, sie beinhalten einfach mehr. Sie gehen tiefer.

Zu unserer Clique gehören sieben Personen. Nach der Grundschule sind wir alle auf ein Gymnasium gekommen, und es hat eine Weile gedauert, bis wir uns gefunden haben. Luca habe ich im Lateinkurs kennengelernt, David war von Beginn an in meiner Klasse. In der 5. und 6. haben wir noch „Räuber und Gendarm" gespielt, jetzt hängen wir in den Schulpausen meistens auf den Bänken hinter der Aula rum, das ist unser fester Platz.

Wir reden über alles, über den Unterricht und Lehrerinnen natürlich, über Filme und Videospiele, über unsere Familien und den Krieg. Wenn ich mit Erwachsenen spreche, sage ich nicht immer, was mir durch den Kopf geht, bei meinen Freunden geht das immer, die verstehen mich. Während der Coronapandemie konnten wir uns lange Zeit nicht sehen, wir haben uns online getroffen, haben ein paar Spiele gespielt, zum Beispiel so etwas Ähnliches wie „Stille Post". Als wir uns dann zum ersten Mal wieder persönlich getroffen haben, haben wir die Nacht bei mir zu Hause durchgemacht. Ein paar von uns sind nachts um drei durch den Stadtpark gezogen.

Wenn wir uns treffen, trinken wir keinen Alkohol. Uns reichen Schlafmangel und Eistee, je später es wird, desto alberner werden wir dann. Wir haben in dieser Nacht so viel gelacht wie schon lange nicht mehr.

Ich weiß nicht, wie es mit uns weitergeht. Zwei aus der Gruppe wechseln nach diesem Schuljahr für die Oberstufe auf eine andere Schule. Ich hoffe einfach, dass wir trotzdem alle irgendwie zusammenbleiben.

Friederike (im roten T-Shirt) und ihre Freunde David (rechts) und Luca. Sie sind 15 und 16 Jahre alt, im menschlichen Leben ein Epochenwechsel: Die Eltern werden unwichtiger, die Gleichaltrigen wichtiger, neben die Herkunftsfamilie treten Wahlverwandte

Grenzen austesten, Geborgenheit erfahren: Eltern sind die erste Beziehung im Leben eines Menschen und oft für lange Zeit auch die engste. Die fünfjährigen Zwillinge Theo und Luise tanken Liebe bei Sandra (links) und Inga (rechts)

Mama und Mami

***Inga,** 43, Psychologin*

Als meine Kinder geboren wurden, galt ich vor dem Gesetz nicht als ihre Mutter. Meine Frau Sandra hat sie zur Welt gebracht. Und anders als bei heterosexuellen wird bei homosexuellen Ehepaaren die Elternschaft anfangs allein der leiblichen Mutter zugeschrieben. Ich musste unsere Zwillinge darum adoptieren. Das bedeutete: Finanzen, Wohn- und Lebensverhältnisse offenlegen, das Jugendamt wurde eingeschaltet für eine Stellungnahme. Mich hat diese Aussicht während der Schwangerschaft bekümmert: Warum bestimmen Fremde, ob ich Mutter sein darf? Was macht das mit der Beziehung zu meinen Kindern, wenn ich über Monate, schlimmstenfalls Jahre hinweg rechtlich nur so etwas wie eine Babysitterin bin, nicht mal beim Kinderarzt allein entscheiden dürfte? Zum Glück war nach einem halben Jahr alles geklärt und ich auch offiziell: Mitmutter.

Dass Theo und Luise nicht meine leiblichen Kinder sind, hat sich für mich schnell überlebt. Es war unser gemeinsamer Wunsch, Kinder zu bekommen, wir haben unsere komplizierte Familienwerdung nur zusammen er- und überlebt. Das hat uns vier von Anbeginn total verbunden. Ich habe mich nie außen vor gefühlt. Auch weil Sandra stets beteuert hat: Ohne dich hätte ich keine Kinder bekommen. Dazu ist mir vor allem unser Sohn verblüffend ähnlich, äußerlich wie charakterlich. Offenbar haben die Ärzte im Kinderwunschzentrum bei der Auswahl des Samenspenders auch mich berücksichtigt.

Die Kinder selbst machen keine Abstufung zwischen ihrer Mama, die sie ausgetragen, gestillt und bislang die meiste Familienarbeit übernommen hat, und ihrer Mami, die abends nach der Arbeit und am Wochenende mit ihnen spielt und kuschelt.

Ich bin kein „weiblicher Papa“, sondern eben Mami. In Regenbogenfamilien sind die Rollen und Eltern-Kind-Beziehungen viel weniger vorgeprägt. Wir müssen und dürfen das mit unseren Persönlichkeiten selbst füllen; das ist manchmal ein Fluch, aber meistens ein Segen.

Gemeinsam essen, spazieren, kickern: 14 Erwachsene und ein Kind leben derzeit in Zierenberg. Annett Gnass (rechts, vor ihrem Zimmerfenster) ist eine von ihnen

Alle zusammen

***Annett Gnass**, 62, Mitbewohnerin in der Gemeinschaft »Lebensbogen« in Zierenberg*

Im Sommer 2015 sind wir als Gemeinschaft zusammengezogen, hier wohnen jetzt 15 Menschen, wir betreiben ein Tagungshaus und ein Café, teilen unsere Zeit und unser Geld. Ich bin eher in einer klassischen Konstellation aufgewachsen, meine Eltern hatten vier Kinder, ich war die jüngste. Als ich vor 32 Jahren meinen Mann Micha kennenlernte, bin ich zum ersten Mal mit kollektiven Wohnformen in Berührung gekommen. Ich habe dann schnell gemerkt, dass das Leben in einer Kleinfamilie kein Modell für mich ist.

Ich glaube fest daran, dass Gemeinschaften stabiler sind als kleine Gruppen. Man kann mehr bewirken, es sind mehr Menschen mit unterschiedlichen Kompetenzen beteiligt. Gemeinsam können wir viel einfacher etwas Positives zum gesellschaftlichen Wandel beitragen. Gemeinsam können wir nachhaltiger leben, wir brauchen nur eine Waschmaschine für zehn Personen, weniger Autos – und das sind nur kleine Beispiele.

Wir gehen hier sehr offen miteinander um, wir nennen es Herzensverbindungen. Das bedeutet, dass wir die anderen an unseren Gedanken und Gefühlen teilhaben lassen, dass wir einander wohlwollend begegnen. Vertrauen entsteht, wenn man viel voneinander weiß. Natürlich hatte ich auch schon Phasen, wo ich nicht so viel von mir preisgeben wollte oder wo ich mich von der Gemeinschaft unverstanden gefühlt habe. Aber ich habe über die Jahre gelernt, dass ich auch einen Anteil daran habe, wenn ich mich verschließe. Ich selbst habe es in der Hand, wieder Verbindung aufzunehmen. Wenn man in Gemeinschaft glücklich werden möchte, kommt man eben nicht darum herum, an sich selbst zu arbeiten. Ich habe mich hier sehr gut kennengelernt.

Es gibt Menschen, die empfinden eine Gemeinschaft als einengend, weil man hier ein Stück Autonomie abgibt und viele Entscheidungen im Plenum abgestimmt werden, die ich sonst vielleicht allein getroffen hätte. Ich habe hier eine gute Balance gefunden. Ich fühle mich frei und reich, von der Gemeinschaft getragen.

Volles Vertrauen

Anna Maria Rathjen, 34, *Feuerwehrfrau in Hamburg*

Eigentlich wollte ich Medizin studieren. Dann habe ich während meines Freiwilligen Sozialen Jahres ein Praktikum an der Feuerwache Altona gemacht. Das Teamgefühl fand ich sofort toll. Vor allem deshalb habe ich mich entschieden, zur Feuerwehr zu gehen. Wir machen 24-Stunden-Dienste, immer mit mehr oder weniger denselben Leuten. Morgens um sieben treten wir in Reih und Glied an. Dann kontrollieren alle ihre Fahrzeuge: Sind die Rettungswagen vollständig ausgerüstet? Funktioniert die große Drehleiter? Danach bereiten wir gemeinsam das Frühstück vor: Wir sind wie eine kleine Feuerwehrfamilie oder eine Feuerwehr-WG.

Was uns schnell zusammenschweißt, ist der Teamsport. Fußball in der Halle, vier gegen vier, da wird es schnell emotional. Auch da sind wir über Funk jederzeit erreichbar und können sofort zum Einsatz fahren.

Gestern hatten wir ein Großfeuer, an meinem ersten Tag auf einer neuen Wache. Es ist schön, im Zugverband auszurücken, die Gemeinschaft zu spüren. Der Angriffstrupp, also die zwei Mann, die zum Beispiel bei einem Wohnungsbrand zuerst reingehen, macht sich schon im Auto fertig. Sie müssen sich jederzeit aufeinander verlassen können. Teamfähigkeit ist bei der Feuerwehr das A und O, und die Beziehung zu unseren Kollegen ist viel enger als bei einem normalen Bürojob.

Gestern Nacht, das war ein Lagerbrand. Und wenn kein Mensch zu Schaden gekommen ist, ist die Stimmung nach einem Feuer wirklich gut. Wir sind erst um vier Uhr morgens zurückgekommen, und dann packt jeder an. Ich stand beim Einsatz knöcheltief in rußigem Löschwasser, da müssen hinterher die Stiefel geputzt und die Autos sauber gemacht werden. Da geht niemand schon mal duschen und lässt die anderen im Stich.

Und auch sonst achten wir aufeinander. Die Zeiten, in denen man hart sein musste, sind lange vorbei. Wenn man seine Kollegen gut kennt, merkt man, wenn ein Einsatz jemanden besonders mitnimmt – dann reden wir darüber.

Gerade macht Anna Rathjen an der Feuerwehrakademie einen Lehrgang für den Gehobenen Dienst, gemeinsam mit Kollegen, die auch alle schon mehr als zehn Jahre auf verschiedenen Wachen der Hansestadt gelebt und gearbeitet haben

2

Lass uns doch Freunde sein

Text: Barbara **Schaefer**

Fotos: Karen **Marshall**

Fest gebunden, dabei nicht mal monogam: ***Freundschaften können innig wie die Liebe sein,*** uns halten, bereichern und ewig währen. Aber sie müssen nicht. Vielleicht macht sie das so schön und stabil. Warum Wahlverwandte immer wichtiger werden und oft unsere besten Beziehungen sind

Schwerelos
Wenn die Eltern verständnislos und die Jungs kompliziert werden, sind sie da: beste Freundinnen, bei denen man sich fallen lassen kann

Erwachsen spielen Molly raucht an ihrem 17. Geburtstag. 1985 begann Karen Marshall, das Mädchen aus New York und seine Clique zu fotografieren

Zu dritt brezelten wir uns in meinem Jugendzimmer für den Samstagabend auf, mit Föhnwelle und hellblauem Lidschatten. „Night Fever“ von The Bee Gees war der Soundtrack meiner ersten Frauenfreundschaften, die noch Mädchenfreundschaften waren. Oft redeten wir stundenlang über: Jungs. Die romantische Liebe, die gefunden werden muss und für immer halten wird, „… dann hat er gesagt, dann hab ich gesagt, dann hat er gesagt“. Über all das schütteten wir uns aus vor Lachen, bis die Tränen liefen. Wir wussten, ohne Zweifel, so würde es immer sein: Freundinnen zum Reden und Lachen, und am Horizont die große Liebe.

Auch wenn ich heute von keiner der beiden mehr eine Telefonnummer besitze, so war es doch der Beginn einer lebenslangen Liebe: der Liebe zur Freundschaft. Denn natürlich ging es nicht nur um Jungs. Die waren ja vor allem eine Vorstellung. Real waren wir drei Freundinnen, die einander Geheimnisse anvertrauten, rumalberten, sich trösteten, wenn es zu Hause Ärger gab, sich zankten und vertrugen. Es ging um uns.

In diesen Jahren waren wir bedingungslos füreinander da –aufgekratzt und ohne uns Gedanken zu machen, aber mit einer leisen Ahnung, was im Leben zählen würde.

Und wer weiß, vielleicht haben wir damals sogar unser Leben ein bisschen verlängert. In jedem Fall haben wir etwas eingeübt, das es leichter macht. Der Psychotherapeut Wolfgang Krüger beschreibt es so: „Wir brauchen sozialen Rückhalt, um uns aufgehoben zu fühlen und Stress besser abzufangen. Wer das nicht hat, bezahlt mit vielen Jahren seines Lebens“. Das bestätigt eine Studie der australischen Flinders-Universität: Freunde sind etwas fürs Herz – und fürs Immunsystem, denn beides stärken sie. Wer ohne Freundschaft lebt, schade sich in etwa so, als würde er rauchen.

Natürlich brauchen nicht alle die gleiche Dosis – manche sind sogar glücklich allein. Den meisten von uns aber hilft es, mit anderen verbunden zu sein.

Das mit der ewigen Liebe, ja nun. Aber Freundschaften fürs Leben habe ich gefunden. Gerade in den vergangenen zwei Corona-Jahren war viel Zeit, darüber nachzudenken. Welche Bedeutung haben sie? Wie beginnen diese Beziehungen, und was ändert sich im Laufe der Jahrzehnte? Was ist ihr Kitt – und warum enden sie manchmal?

In einer Umfrage des Instituts für Demoskopie Allensbach bewerteten 85 Prozent der Befragten „gute Freunde“ höher als die Partnerschaft. Auch scheinen sie die Blutsbande als mächtigste Verbindung abzulösen. Freunde erfinden neue Lebensformen, übernehmen die Pflege am Krankenbett.

Meine Freund*innen sind meine Wahlverwandten. Ich habe sie mir ausgesucht. Sie geben meinem Leben Tiefe und sehr viel Spaß. Freundschaft ist für mich eine enge Bindung mit größtmöglicher Freiheit, denn es braucht keine gesetzlichen Regeln dafür. Auch gibt es seltener Abhängigkeiten. Nicht mal monogam muss ich als Freundin sein, nur treu.

Erste Freund*innen wählen wir schon früh: Mit der einen wollen wir lieber im Sandkasten spielen, neben dem anderen dann in der Schule sitzen; so weben wir unser Beziehungsgeflecht. Es zählt nicht mehr nur das, was die Eltern sagen. Wir fangen an, auch andere Menschen zu mögen. Und eine Wahl zu treffen.

Ich bin weggezogen aus der Kleinstadt, wohne jetzt in Berlin und allein. Ein gängiges Modell in Großstädten: Auch in München und Köln besteht rund die

»Freunde spiegeln uns, sie sehen uns, und wir sehen uns in ihnen«

Halt mich fest *Wenn wir enge Freunde umarmen, schütten wir das Glückshormon Oxytocin aus – es bindet uns an sie wie an Partner oder Kinder*

Hälfte der Haushalte aus einer Person. Nicht all diese Alleinlebenden sind Singles. Aber sie leben nicht in einer Familie. Um so wichtiger sind Freundschaften. Uns modernen Menschen ist eine immense Freiheit zugewachsen, vor allem was Beziehungen betrifft. Wir können wählen, nein, wir müssen es sogar. Wer seine Herkunftsfamilie verlässt, sich aber nach Zugehörigkeit sehnt, muss Verbündete suchen, um nicht unsichtbar zu werden. Freund*innen spiegeln uns, sie sehen uns, und wir sehen uns in ihnen.

m

Meine frühen Freundschaften endeten nach der Schule. Unsere Lebensläufe entwickelten sich auseinander, wir waren einander beste Lebensabschnitts-Gefährt*innen gewesen.

Meine lebenslangen Freundschaften fand ich als Studentin. Ich war Mitte 20 und fuhr zum Italienischlernen nach Perugia. Die Altstadt hockte auf einem Hügel, vom Corso Vannucci aus sah man bis nach Assisi. Ich fand ein Zimmer, in dem zwei Betten standen. Die Vermieterin sagte: Für das andere kannst du dir selbst jemanden suchen. Am nächsten Tag saß ich in einem Hörsaal der Ausländeruniversität Università per stranieri. Und da war C., die mich anlächelte. Einfach so, im Vorbeigehen. Nach der Vorlesung fragte ich sie, ob sie ein Zimmer brauche. Sie zog bei mir ein. Das ist 35 Jahre her. Mit ihrer Hilfe – „Was willst du in Stuttgart? Komm doch nach Berlin, ich weiß eine Wohnung für dich" – bin ich vor 25 Jahren umgezogen. Ich wurde die Patin ihrer Tochter. Wir wohnen in Kreuzberg, sehen uns fast jede Woche.

Sie ist der Mensch, der mich anlasslos zum Abendessen einlädt. Auch dann mit mir redet, wenn ich nicht unterhaltsam bin. Der alles von mir weiß und nichts davon gegen mich verwendet. Wenn ich unsere Whatsapp-Nachrichten lese, muss ich grinsen. Weil sie so umstandslos direkt sind. „Spaziergang oder Demo?" „Bringe Kuchen." Wir säuseln oder sülzen nicht.

Während der Pandemie war sie einer meiner wichtigsten Menschen. C. ist die Integrationsbeauftragte all meiner Freundinnen. Sie erweitert ihre Kleinfamilie um die ganze Hausgemeinschaft, bringt Essen, wenn jemand krank ist, organisiert Hoffeste.

Die Dauer unserer Beziehung ist nicht ungewöhnlich: Laut der Allensbach-Studie halten Freundschaften in Deutschland im Durchschnitt ein Vierteljahrhundert. Die „lange biografische Kenntnis" schaffe eine besondere Bindung, so die Soziologin Julia Hahmann, Professorin an der Universität Vechta. Denn diese Menschen wissen nicht nur, wer wir sind, sondern auch, wer wir einmal waren. Sie kennen die Baustellen, die glücklichen Lieben und vor allem die unglücklichen. Einmal habe ich C. gefragt, ob sie sich an F. erinnerte, eine von meinen. Na klar, sagte sie, „der saß doch ein ganzes Jahr immer auf der Rückbank, wenn wir irgendwo hingefahren sind". Ich hatte wohl viel über ihn geredet.

Partnerschaften erfüllen – bei aller Romantik – oft auch einen Zweck. Eine Familie gründen. Im Alter nicht allein sein, sich finanziell gemeinsam absichern, ein Haus bauen. Freundschaften sind meist zweckfreier. Und der Anfang ist selten genau definiert. Es muss nicht der Blitz einschlagen, es gibt nicht den ersten Kuss als Jubiläumsdatum. Aber wie die Liebe brauchen Freundschaften Sympathie, Empathie, Vertrauen und Loyalität. Es geht um Geben und Nehmen, Reden und Zuhören, Getränke und Geschenke reichen und annehmen.

Anders als die Liebe, die einseitig sein kann, beruht die Freundschaft auf Wechselseitigkeit. Und auch bei Freundinnen und Freunden stimmt die Chemie: Denn wenn wir sie umarmen, flutet das Wohlfühlhormon Oxytocin ins Blut.

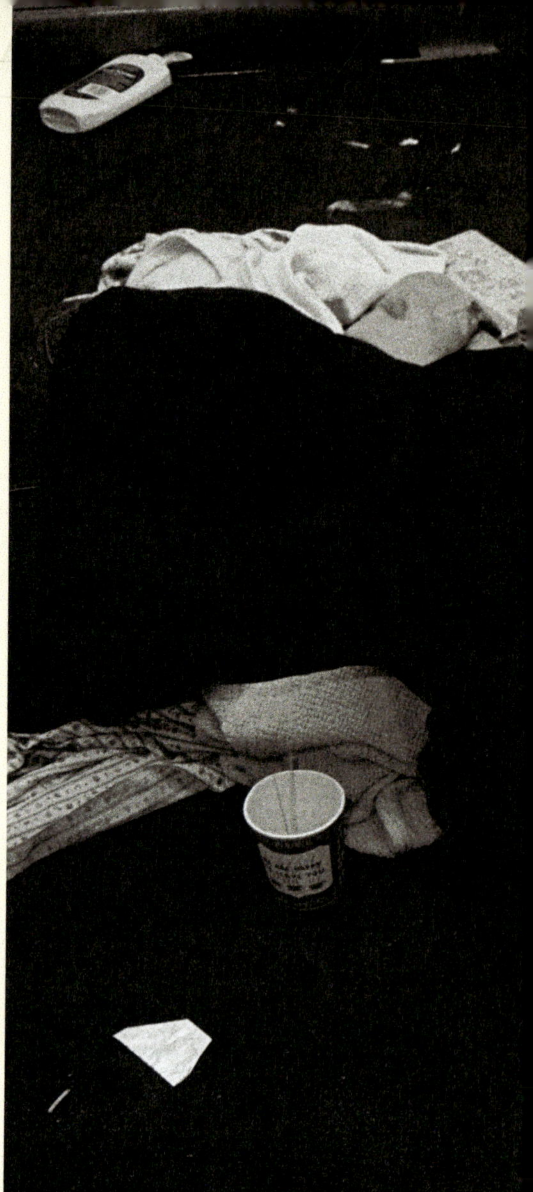

Als wir unsterblich waren
Freunde wissen, wer wir sind – aber auch, wer wir waren. Molly kam mit 17 bei einem Autounfall um. Fotografin Marshall begleitete die überlebenden Freundinnen weitere 30 Jahre

Mit Mitte 20 kannte ich viele Menschen, es war leicht, Freundschaften zu schließen. Ich studierte, ich wanderte und kletterte in den Bergen, ich arbeitete in einer Redaktion. Ich hatte wechselnde Partnerschaften, fuhr mit unterschiedlichen Menschen in den Urlaub, in ein

»Wir brauchen Verbündete, um nicht unsichtbar zu werden«

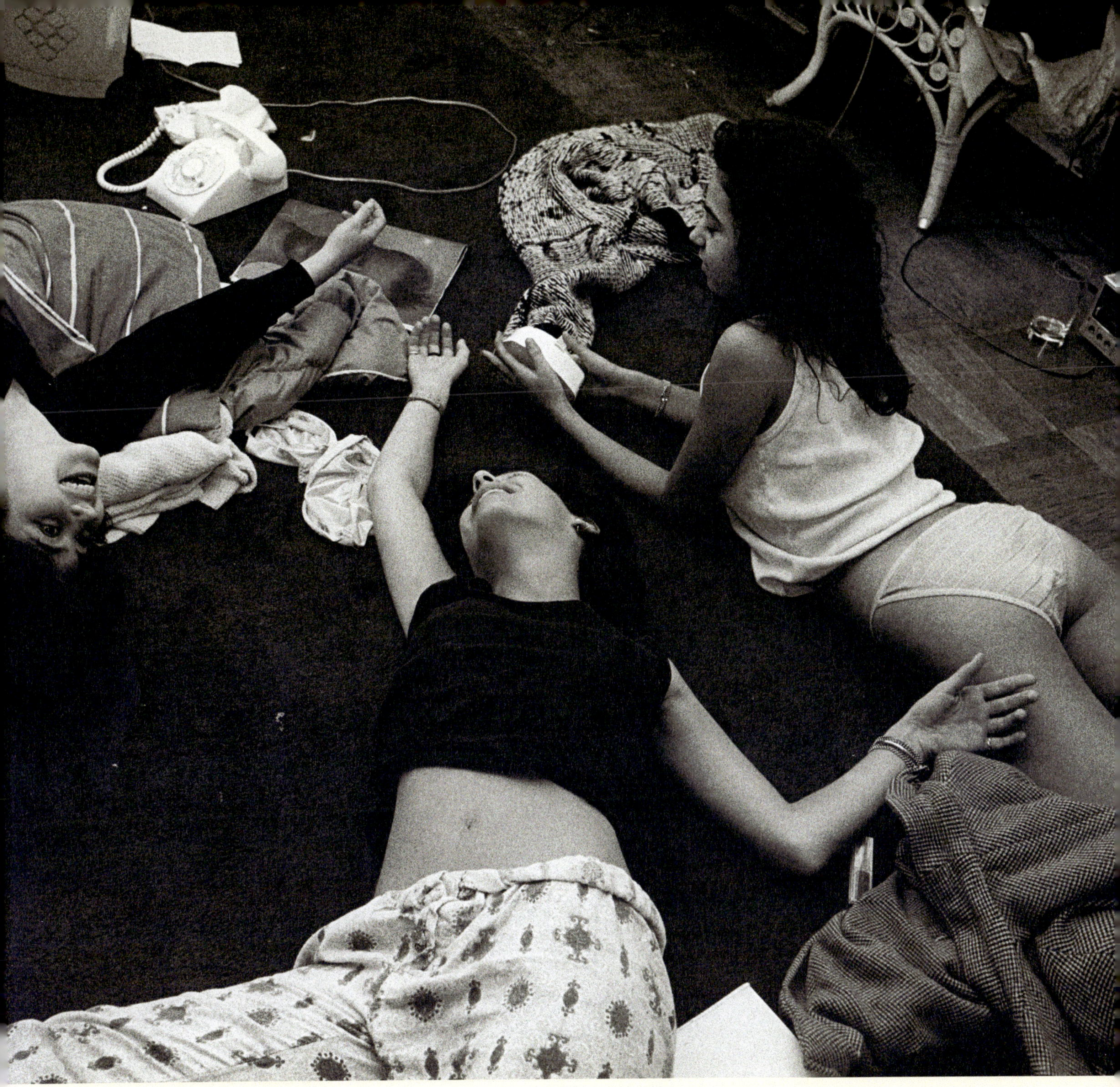

Haus in der Toskana, auf eine griechische Insel, nach Korsika. Drei Frauen, die sich untereinander nicht nah standen, fand ich in dieser Zeit. BFF heißt das heute, Best Friends Forever. C., meine Perugia-Freundin, M., die ich in München kennenlernte, und K.

K. und ich waren oft zusammen in den Bergen; auch als ich nach Berlin gezogen war, verabredeten wir uns regelmäßig. Bis zum 31. Mai 2008. Ich lag im Viktoriapark in Berlin auf der Wiese und lernte chinesische Vokabeln. Schon bald wollte ich für ein paar Monate nach Shanghai. Als es mir zu heiß wurde, brach ich auf. Zu Hause klingelte mein Telefon. K.s Mann war am Apparat. Noch nie hatte er mich angerufen. Er sagte: „K. ist tot." Als ob jegliche weitere Information noch etwas ändern könnte, fragte ich: „Was ist passiert?" Sie war bei einer Skitour abgestürzt. Ich warf mich auf den Boden, heulte, schrie. In meiner Verzweiflung flüchtete ich zu meinem Bruder und seiner Familie nach Hamburg. K. und ich kannten uns 23 Jahre. Ihr Tod hat mich so verstört, dass ich nicht mehr in mein Leben, in meinen Alltag zurückfand. Schmerz, Wut und das Gefühl tief reichender Sinnlosigkeit erfassten mich abwechselnd. Ich spürte, dass meinem Umfeld die Geduld für mich ausging, vielleicht auch aus Sorge. Die lange Trauer über jemanden, der nicht die Liebesbeziehung und kein Familienmitglied war, irritierte.

Statt nach Shanghai zu ziehen, ging ich zu Fuß von Berlin aus zum Hohen Dachstein, jenem Berg, an dem K. verunglückt war. Darüber schrieb ich ein Buch. Das Gehen und das Schreiben halfen mir Schritt für Schritt heraus. Der wilde Schmerz ließ nach. Sie fehlt mir bis heute.

V

Viele Jahre lang hatte K. im Dezember Freund*innen zum Weihnachtsbrunch nach München eingeladen. Die Feste dauerten bis tief in die Nacht, am Tisch war es laut wie in einer sizilianischen Trattoria. Wir Frauen blieben in all den Jahren dieselben, nur die Männer nicht. Wir feierten uns, das Leben, durchaus mit Drama und Tränen. Ich hätte es damals, mit Mitte 30, mit Mitte 40, nicht so bezeichnet, aber heute weiß ich: Das ist Glück. Enge Freundschaften sind ein Teil des großen Lebenspuzzles.

Wenn ich heute an Momente mit meinen Freundinnen und den Freunden denke, sehe ich dieses Glück. Mit L. immer wieder in der Boulder-Halle herumzuturnen. Mit C. am Strand von Tropea zu spazieren, mit den Zehen im noch eiskalten Meer. Oder bei ihr vor dem großen Fernseher „Tatort" zu gucken. Mit D. am 15. Mai, dem ersten Tag, an dem 2020 die Restaurants wieder öffnen durften, Schnitzel zu essen. Endlich wieder teilzuhaben am Großstadtleben. Mich mit T. auf ihrer Terrasse beim Fern-Yoga zu verrenken. Ihr in einer Silvesternacht mein Elend zu Füßen zu legen. Mit I. einmal im Jahr an die alten Zeiten in München zu denken. Mit O. rauszufahren in sein geliebtes Brandenburg. Mit R. in Berlin in einer russischen Kneipe seine und meine Beziehungen durchzudeklinieren, bis zur letzten U-Bahn. Mich von M. bekochen zu lassen, seine legendären Rindsrouladen zu genießen, über Musik und die Berge zu reden.

Freundschaften enden meist eher beiläufig. Erst sieht man sich nicht mehr so oft, erzählt sich nicht mehr alles. Nach und nach verschwindet der Mensch aus dem eigenen Leben. Aber es gibt auch schmerzhafte Ablösungsprozesse. So ging es mir mit M. Ausgerechnet in der Zeit, als ich um K. trauerte, wurde es mit ihr immer komplizierter. Einmal schrieb ich ihr in einer E-Mail: „… als ich von deinem Geburtstag nach Hause geradelt bin, habe ich gedacht: Na, jetzt bin ich gespannt, was ich diesmal wieder falsch gemacht habe. Ich bin ja, wie du mir seit Jahren beizubringen versuchst, entweder zu wenig interessiert oder übergriffig. Und nach jedem Treffen warte ich, was diesmal kommt."

Wir nahmen einander viel übel. Trugen uns Bemerkungen nach, und verloren vor allem komplett den Humor. Mit Sicherheit ging es in Wahrheit um etwas tiefer Liegendes. Ich habe aufgehört, darüber nachzudenken, was das gewesen sein könnte. Schließlich sagte sie, dieses Konzept der besten Freundinnen habe sie ohnehin nie verstanden. Für sie sei immer ihre Familie das Wichtigste. Als ob es darum ginge.

Wir versuchten es weiter, immer wieder. Es funktionierte nicht. Freundschaften müssen nicht immer leicht sein, aber diese war nur noch schwer. Ich bin sicher, es war für sie genauso. Irgendwann habe ich es gelassen. Ich wollte sie einfach nicht mehr sehen.

Keine Geheimnisse *Freunde bleiben, wenn Partner gehen. Sie bringen uns zum Lachen – und halten uns die Hand, wenn wir Ja sagen*

» Wir feierten uns, das Leben, durchaus mit Drama und Tränen«

Nein, Freundschaften sind nicht die Freizeit-Variante von Partnerschaften. Nähe schafft Verletzlichkeit, in allen Beziehungen.

Wie viele Freund*innen braucht man für das gute Leben? Bis vor einem Jahr ging die Forschung noch von der magischen Dunbar-Zahl 150 aus, benannt nach dem Psychologen Robin Dunbar. Vereinfacht gesagt, fand er einen Zusammenhang zwischen Gehirnen von Säugetieren und der Gruppengröße, in der sie leben. Demnach könne man mit etwa 150 anderen Menschen Kontakt halten. Sei es, um gemeinsam auf die Jagd zu gehen oder im Großstadtdschungel zu bestehen. Menschen, von denen man so ungefähr Beziehungsstatus, Beruf, Anzahl der Kinder und ein Lieblingsdetail kennt. 2021 stellte sich heraus, dass die wissenschaftliche Grundlage für diese Zahl wackelt und statistisch nicht haltbar ist.

So genau kann man also nicht sagen, wie viele Menschen einem guttun. Wenn ich durchzähle, komme ich auf etwa fünf ganz nahe Freundinnen und Freunde. Mit weiteren 15 halte ich engen Kontakt. Etwa 40 würde ich zu runden Geburtstagen einladen. Ob ich weitere 100 Adressen in einem Notizbuch finden würde, da müsste ich mal genau nachsehen.

Enge Freundschaften sind oft dyadisch, wie die Soziologie das nennt: Zweierbeziehungen. Doch auch in Cliquen liegt eine besondere Kraft. C., wer sonst, hat mich in ihre Frauen-Kino-Gruppe gebracht. Jeden ersten Montag im Monat gehen wir zusammen ins Kino, dann in eine Kneipe, und danach radeln wir alle zusammen quer durch Kreuzberg, wie eine Gang. Natürlich begeistern wir uns für Filme. Doch diese Montage sind ein Fest der Freundschaft, auch wenn das pathetisch klingt. Die Frauen haben sich über Krabbelgruppe, Kita, Schule kennengelernt, ihre Kinder sind erwachsen, der Zusammenhalt blieb, und ich darf dabei sein.

So hatte ich mein Großstadt-Leben also gut eingerichtet, mit Freund*innen, Montagskino, Bürogemeinschaft. Und dann kam die Pandemie. Diese fühlte sich an, als ob alle Freunde zeitgleich Eltern geworden wären oder sich neu verliebt hätten. Alle mühten sich ab, mit dem eigenen Kram und Leben klarzukommen. Sich um Menschen außerhalb der eigenen Wohnung zu kümmern, wurde zum Kraftakt, auch für mich. Daniel Schreiber nennt das in seinem Buch „Allein“ den Nestinstinkt, der bei Paaren und Familien in der Pandemie einsetzte.

Wir verabredeten uns einzeln zum Spazierengehen. Und redeten immer über Corona. Wir schimpften zuerst über die Querdenker*innen, danach über die Idioten, die sich nicht impfen lassen. Es ging mir wahnsinnig auf die Nerven. Vor allem mein eigenes einspuriges Reden und Leben. Das Wesen der Freundschaften änderte sich. Zuvor hatten wir uns unkompliziert getroffen, im Kino, beim Essen, am See, im Museum. Jetzt waren Freundschaften nicht mehr nur selbstverständlich, sondern wurden elementar wichtig; das Zufällige, Banale, Heitere, die Unbeschwertheit fehlten. Außerdem blieben fast nur die Kernfreundschaften übrig. Zu Treffen mit

Best Friends Forever *Manche der Frauen in Marshalls Fotos haben sich entfremdet, erst nach Jahren wieder zusammengefunden – und waren sich fast sofort wieder vertraut*

den entfernteren Sternen der Galaxie fehlte der Antrieb. Wie bereichernd aber auch losere Kontakte sind, das war eine der Erkenntnisse der Kontaktbeschränkungen. Als sie plötzlich fehlten, die Treffen mit „all jenen freundlichen Leuten, die einen ein Stück des Weges begleiten", wie Daniel Schreiber schreibt.

Als Studentin in München war es so gewesen: Ich kam spät heim, in der WG-Küche brannte Licht, also setzte ich mich dazu. Wir plauderten uns müde, bis jeder seiner Wege zog, durch den Flur, in dem noch Ski früherer Mitbewohner standen, ins eigene Zimmer. Als ich jetzt, mit Ende 50, gezwungen war, allein zu Hause zu hocken, wurden die Social-Media-Plattformen mein WG-Küchentisch.

Ich komme spät abends heim (oder gehe erst gar nicht aus dem Haus), setze mich in die Küche und schau nach, was die Freund*innen machen. Ja, das ist ein großes Wort für Menschen, die man vor allem aus dem Internet kennt. Aber man muss es ja nicht so eng sehen. In Italien bin ich nach zwei gemeinsam getrunkenen *caffé* die *amica* aus *Germania*.

So nenne ich eben auch jene Freund*innen, deren Online-Buchtipps mich zum Bücherkauf anregen. Über deren Erfolge ich mich freue; denen ich gratuliere, wenn sie etwas freudig verkünden, neues Kind, neuer Job. Ohne sie wäre mein Leben ein Stückchen ärmer. Wie Twitter-Nutzerin ChaosMom schrieb: „Mit euch fühlt sich diese verfickte Pandemie einfach weniger einsam an. Danke." Die Zeit wurde zur Belastungsprobe für Freundschaften. Toleranz musste neu ausgelotet werden. Alle Leichtigkeit ging flöten.

Ohne die leibhaftigen Freunde aber wäre es kaum denkbar.

Den Stellenwert hat nun auch die Politik erkannt. Die Ampel-Regierung hat sich in ihrem Koalitionsvertrag darauf geeinigt, „Verantwortungsgemeinschaften" gesetzlich zu verankern. Damit können mehrere Erwachsene auch rechtlich füreinander Verantwortung übernehmen – ohne miteinander ins Bett zu gehen. Beste Freundinnen, beste Freunde, ein Mann und eine Frau, mehrere Menschen, die füreinander sorgen wollen. Soziologen erklären Freundschaften bereits zur „dritten Säule der Fürsorge", neben Familie und Sozialstaat.

Nun stehe ich mit meinen Freundschaften an der nächsten Schwelle, manche denken an die Rente, andere arbeiten deutlich weniger. Werden einige von uns irgendwann ins gleiche Pflegeheim ziehen? Oder bleiben wir in den gleichen Wohnungen, in den gleichen Vierteln? Werden wir Freunde beim Sterben begleiten? Ich erlebe mit, wie zwei Freundinnen eine Krebskranke betreuen und wie sie das mitnimmt. Was ist zumutbar in einer Freundschaft? Würde ich das wollen? Anderen helfen: Ja. Aber sich helfen lassen? Kann ich in einer Freundschaft auch zulassen, dem oder der anderen zur Last zu fallen? Eine überraschend schwere Frage.

S

Soll man auf der letzten Lebensetappe anfangen, Kosten-Nutzen-Rechnungen auf Freundschaften zu übertragen? Stelle ich mir eine Alten-WG für die Zukunft zusammen, damit ich versorgt werde? Diese Pflege-Erwartung an die Menschen, mit denen ich mich am liebsten umgebe, erscheint mir geradezu unfair.

Füreinander da sein, das zeichnet Freundschaften aus, aber nicht verpflichtend. Wir waren auch so immer füreinander da: Damals, mit blauem Lidschatten vor dem Spiegel, mit Mitte 20, beim Aufbruch ins Leben, mit Mitte 30, bei Umbrüchen und Umzügen, mit Mitte 40, den großen Verlusten, bis heute: Meine Freund*innen geben mir viel, und jede*r anderes. Wir reden über die Welt, und das hilft mir, diese besser zu verstehen. Wir spornen uns an und fangen uns auf. Freundschaften stehen für das Gute im Leben. Für: das gute Leben. ‹

»Nähe schafft Verletzlichkeit, in allen Beziehungen«

Die Versöh

Streit gehört zur Beziehung. Zwischen Liebenden, zwischen Kollegen, zwischen Geschwistern. Und auch, wenn die Verletzungen und die Wut sich einzigartig anfühlen: Konflikte verlaufen oft nach ähnlichen Mustern – und die anschließende Aussöhnung auch. Ein Mediator kann dabei helfen

Kunst der

Text: Johanna Romberg

nung

Er sagt …, sie sagt …
Im Streit mögen sie sich nicht einmal mehr ansehen, die Fronten scheinen verhärtet, der Konflikt unlösbar

S

• Versöhnung •

SCHLAGABTAUSCH AM KÜCHENTISCH.

Tränen, Schreie, Vorwürfe. „Du hast unsere Ehe ruiniert!“ – „Weil du mich dazu getrieben hast!“

Showdown in der Chefetage. „Sie werden die Firma an die Wand fahren!“ – „Noch ein Wort, und Sie sind gefeuert!“

Eklat beim Verhandlungsmarathon. „Die Vorwürfe der Gegenseite sind völlig inakzeptabel. Ab morgen werden die Waffen sprechen!“

Drei Szenarien, drei Konflikte, die auf den ersten Blick nicht viel gemeinsam haben. Das zerstrittene Paar, die um Macht ringenden Manager, die unversöhnlichen Kriegsparteien: Sie sind alle auf ihre eigene Weise miteinander verstrickt, haben unterschiedliche Motive und Vorgeschichten. Und doch sind sie, als Streitende, Gefangene derselben Logik. Denn Konflikte haben eine Dynamik, die auf erschreckende Weise vorhersehbar ist: Einmal entflammt, eskalieren sie scheinbar unaufhaltsam.

Aber eben nur scheinbar. Denn was Logik hat, lässt sich auch analysieren, durchschauen. Und dieser Durchblick eröffnet Möglichkeiten, zu intervenieren, zu steuern – und am Ende im besten Fall auch zu versöhnen.

Konflikte lösen ist harte Arbeit. Aber es ist auch ein Handwerk, das man erlernen kann. Die bekannteste Form dieses Handwerks heißt Mediation. Sie hat sich bereits tausendfach in der Praxis bewährt – bei Familienkrisen, Streitigkeiten am Arbeitsplatz, aber auch bei internationalen Konflikten. Wie Versöhnung gelingen kann, zeigt dieses Fallbeispiel.*

BECKER WIRD SPÄTER

die Orangenfabel erzählen, das Bild vom Eisberg zeigen und, zuletzt, die erlösende Wirkung von Tränen erfahren. Aber das ist alles noch weit weg an diesem Morgen im Januar. Zwei Geschwister sind

**Das im Folgenden beschriebene Verfahren beruht auf einem wahren Fall. Namen und wesentliche Details wurden verändert, um die Anonymität der Beteiligten zu wahren.*

»Kaum jemand gibt gern zu, wie sehr er sich nach Sicherheit sehnt. Oder gar nach Liebe«

in seine Düsseldorfer Kanzlei gekommen, Inhaber eines traditionsreichen ortsansässigen Unternehmens. Sie müssen ihre Nachfolge regeln; dazu brauchen sie seinen Rat.

Friedwart A. Becker, 77, trägt einen Vornamen, der wie eine Berufsbezeichnung klingt. Er ist seit mehr als 40 Jahren Spezialist für den Umgang mit Konflikten, ursprünglich als Rechtsanwalt, seit 19 Jahren auch und vor allem als Mediator. Zu seinen Klienten gehören zerstrittene Geschäftspartner oder in Scheidung lebende Ehepartner oder Erben, die um die Aufteilung eines Vermögens ringen. Wie die Geschwister W.

Allen, die zum ersten Mal zu ihm kommen, erklärt Becker zunächst, dass er im Konfliktfall zwei völlig verschiedene Rollen spielen kann. Dass er als Anwalt eine Partei vertritt in einem Prozess, der am Ende, in der Regel, nur Sieger und Verlierer kennt. Dass er als Mediator dagegen das Umgekehrte tut: alle Parteien an einem Tisch versammelt, um eine Lösung zu finden, bei der im besten Fall alle gewinnen.

Was willst du eigentlich? Das Schwere steht am Anfang: Benennen, wo das eigentliche Problem liegt. Ohne zu fragen, wer schuld ist am Streit

Manche Klienten reagieren mit Skepsis auf diese Erklärung. Eine Konfliktlösung, die alle Seiten zufriedenstellt – das klingt nach faulem Kompromiss, nach Psycho-Ringelpiez. Von Anwaltskollegen hört er manchmal: Mediation, das ist was für Weicheier. Für Leute, die nicht den Mut haben, einen Streit offen auszufechten.

Becker erzählt dann von einer Erfahrung, die er in vielen Gerichtsprozessen gemacht hat – auch und gerade den gewonnenen. Zu sehen, wie die Verlierer den Verhandlungssaal verlassen, traurig und verbittert; zu wissen, dass die Beziehung zwischen beiden Parteien unrettbar zerrüttet ist: Das stimmt ihn immer wieder melancholisch. Und er hat oft erlebt, dass ein Urteil keinen Frieden bringt.

Wer einen Konflikt wirklich lösen will, darf ihn nicht delegieren, sondern muss ihn selbst zur Kenntnis nehmen, im umfassendsten Sinne des Wortes. Das kann härter sein als jeder Prozess. Weil es alle Beteiligten dazu zwingt, sich auch mit sich selbst auseinanderzusetzen. Und einzusehen, dass keiner von ihnen nur Opfer, sondern immer auch Täter ist.

An diesem Morgen im Januar sitzen Becker Carla und Nico W. gegenüber, 58 und 53 Jahre alt. Sie besitzen eine Hotelkette, die ihr Urgroßvater gegründet hat. Das Stammhaus gehört zu den ersten Adressen in Düsseldorf; daneben gibt es Dependancen in mehreren rheinischen Großstädten. Demnächst soll ein weiteres Haus in Leipzig eröffnet werden. Carla W., Geschäftsführerin, hält 51 Prozent der Anteile, ihr Bruder Nico, Marketingchef, besitzt 49 Prozent – so hat es der Vater testamentarisch verfügt.

Becker hat diese erste Begegnung bis heute lebhaft vor Augen. Wie verbindlich die beiden miteinander umgehen. Wie freundlich sie einander begrüßen, wie offen sie sich in die Augen sehen. So etwas erlebt Becker nicht oft. Viele Konflikte kann er spüren, bevor ein einziges Wort gefallen ist. Schon wenn die Kontrahenten den Besprechungsraum betreten, brennt förmlich die Luft, und wenn sie am Tisch Platz nehmen, sieht es aus, als verkröchen sie sich in imaginären Schützengräben.

Konflikte verwandeln Menschen. Rauben ihnen die Fähigkeit, einander wahrzunehmen. Beide Seiten erschaffen Feindbilder, hinter denen das reale Gegenüber zusehends verschwindet. Am Ende sieht jeder im anderen nur noch das personifizierte Böse.

Für Carla und Nico W. ist das Böse von außen gekommen. Sein Name: Basel II. Diese 2006 erlassene EU-Richtlinie legt, unter anderem, strengere Kriterien für die Vergabe von Krediten fest. Diese zwingen Unternehmen dazu, früher als bisher tragfähige Regelungen für die Nachfolge zu treffen. Wer übernimmt das Ruder, wenn dem Chef etwas zustößt? Wer steht bereit, wenn die Inhaber kürzertreten wollen? Auf diese Fragen hat die Firma W. bislang keine Antwort gefunden – das finden jedenfalls deren Hausbanken. Und haben die Geschwister aufgefordert, dies binnen eines Jahres nachzuholen. Andernfalls würden sämtliche gewährten Kredite fällig gestellt.

Friedwart A. Becker

Der Düsseldorfer Rechtsanwalt ist auf Erb- und Steuerrecht spezialisiert und hilft als Mediator, alle Arten von Streit zu schlichten: Zwischen Nachbarn, Geschwistern, Chefs und Mitarbeitern

Zum ersten Mal in ihrer über hundertjährigen Geschichte ist die Firma W. in ihrer Existenz bedroht. Und das, obwohl es, auf den ersten Blick, eine naheliegende Lösung gibt.

Carla W. hat zwei Kinder, 29 und 26 Jahre alt, die bereits im Unternehmen arbeiten: Nora, studierte Betriebswirtin, im Controlling; Henri, Hotelkaufmann, am Empfang. Beide sollen eines Tages die Nachfolge ihrer Mutter antreten; es wäre denkbar, dass sie ihnen einen Teil ihrer Anteile überträgt. Aber als Becker diesen Gedanken ausspricht, weist Carla W. ihn strikt von sich: „Das würde dazu führen, dass mein Bruder der größte Anteilseigner wird. Das möchte ich nicht."

Becker ist verblüfft über diesen Satz. Er passte so gar nicht zu dem starken Familiensinn, den beide an den Tag legten. Carla betonte mehrfach, dass der Zusammenhalt der Familie gerade in Krisenzeiten besonders groß sei. Ihr Bruder nickte dabei kräftig.

Aber auch er bekundet, nichts von seinen Anteilen abgeben zu wollen. Seine Kinder wollen beide nicht ins Hotelfach. Und seine Nichte und seinen Neffen mag er auch nicht vorzeitig beglücken: Dann hätte ich ja gar nichts mehr zu melden in der Firma!

ER SAGT DAS

mit einem freundlichen Lächeln. Nico W. ist ein umgänglicher Typ, ein rheinischer Bonvivant. Er trägt das Hemd offen, darüber einen lebhaft gemusterten Schal aus edlem Tuch. Im Nebenberuf betreibt er eine Galerie. Beim Stichwort „Basel II", räumt er launig ein, habe er zunächst an die Art Basel gedacht, eine der wichtigsten Messen für zeitgenössische Kunst. Dort hat er vor zwei Jahren einen frühen Immendorff erworben, für das Foyer des Stammhauses.

Seine Schwester verzieht bei diesen Worten kaum merklich die Mundwinkel. Sie ist äußerlich das Gegenteil ihres Bruders: hager, sparsame Mimik, strenges dunkelblaues Kostüm. Wenn sie zuhört, wirkt sie oft rastlos, nestelt in ihren Papieren oder zerkrümelt einen Keks; die Krümel wischt sie anschließend energisch vom Tisch. Wenn sie redet, wird klar, weshalb ihr Vater ihr nicht nur die Mehrheit der Anteile, sondern auch die Leitung der Firma anvertraut hat. Nettoumsatz, Cashflow, Bettenauslastung, Stornoquoten: Sie rattert die Kennzahlen herunter, ohne in ihre Unterlagen zu blicken. Sie weiß, wie viel die Fassadenrenovierung von Haus 3 gekostet hat, das neue Kupferpfannenset für die Küche des

»Dieser Konflikt gehört Ihnen allein. Und Sie werden ihn aus eigener Kraft lösen«

Familie
Oft fällt die Versöhnung mit jenen am schwersten, die wir am längsten kennen: Dann sind alte Verletzungen wieder ganz frisch

Hilf mir, es selbst zu tun
Unversöhnliche Streithähne erwarten vom Mediator eine schnelle Lösung. Doch der kann und will nur unterstützen

So sauer
Streiten tut weh. Aber Konflikte helfen auch, Probleme zu erkennen – und sie zu lösen

»Ich will gar nicht streiten, aber die anderen zwingen mich dazu«

Hauses 4, und natürlich weiß sie auch, mit wie viel tausend Euro der Immendorff im Marketingetat zu Buche geschlagen hat.

„Deshalb war ihr auch klar: Solange ihr Bruder irgendetwas zu melden hatte im Unternehmen, würden die Banken nicht lockerlassen. Aber das konnte sie nicht aussprechen. Denn dann hätte sie gegen das ungeschriebene Gesetz verstoßen, dass die Familie um jeden Preis zusammenhält."

Beide Geschwister blicken den Mediator Hilfe suchend an. Was raten Sie uns? Welche Lösung schlagen Sie vor?

Die Frage kommt, früher oder später, in fast jeder Mediation auf den Tisch, und Beckers Antwort darauf versetzt vielen Klienten zunächst einen Schock.

„Es steht mir nicht zu, Ihnen einen Rat zu geben. Denn dieser Konflikt gehört Ihnen allein. Und Sie werden ihn aus eigener Kraft lösen."

FRAGEN DIE KLIENTEN

dann verzagt, wie das gehen soll, erzählt Becker ihnen von Sokrates. Von dem griechischen Philosophen, der einer der geistigen Stammväter aller Mediatoren ist. Der seine Zeitgenossen immer wieder zur Verzweiflung brachte, weil er, anders als seine Kollegen, keine klugen Gedanken äußerte, sondern immer nur Fragen stellte, bohrende, behutsame, spitzfindige, naive, einfühlsame. Fragen, die oft Verwirrung stifteten, zu scheinbar unauflösbaren Widersprüchen führten.

Aber Sokrates ließ nie locker – bis seine Gesprächspartner durch eigenes Denken zur Einsicht gelangt waren.

Sokrates' Mutter war Hebamme, und er verglich seine Arbeit oft mit ihrer: So, wie sie Frauen beim Gebären beistehe, so entbinde er seine Gesprächspartner von ihrem Wissen – einem Wissen, das sie bereits besäßen, das ihnen aber bislang verborgen geblieben sei.

„Ein Mediator muss nicht nur die ‚Hebammenkunst' des zielführenden Fragens beherrschen", sagt Becker." Sondern auch das Grundvertrauen besitzen, auf dem sie beruht: Vertrauen, dass jeder Mensch zur Einsicht fähig ist, wenn man ihm oder ihr nur die Freiheit einräumt, diese selbst zu entdecken."

Als Nico W. nach einer Kaffeepause ums Wort bittet, sieht es zunächst so aus, als wolle er Sokrates und Becker geradezu lehrbuchmäßig bestätigen. „Ich möchte einen Beitrag zur Lösung unseres Problems leisten", sagt er feierlich. „Ich spiele schon länger mit dem Gedanken, mich aus dem Tagesgeschäft zurückzuziehen. Deshalb biete ich an, meine Anteile an der Firma abzugeben."

Einen Moment lang kostet er die Wirkung dieser Sätze aus: das sprachlose Staunen seiner Schwester, die freudige Zustimmung auf dem Gesicht des Mediators. Dann setzt er nach. „Ich erwarte dafür eine Abfindung in Höhe von zehn Millionen Euro."

In diesem Moment ahnt Becker, dass dieser Fall ihn noch länger beschäftigen wird.

DIE ARBEIT

eines Mediators ist, äußerlich betrachtet, unspektakulär. Er sitzt an einem Tisch, mal mit zwei Klienten, mal mit über einem Dutzend. Er fragt, hört zu, macht Notizen. Steht auf, um Stichworte auf ein Flipchart zu schreiben. Markiert sie mit bunten Klebepunkten. Viel mehr passiert nicht. Manche Mediationen sind nach einem halben Tag abgeschlossen. Manche ziehen sich über Monate hin.

Was aber läuft in diesen vielen Stunden wirklich ab? Wenn Becker das gefragt wird, erzählt er die Orangenfabel. Zwei Kinder kommen zu ihrer Mutter gelaufen, sie soll einen Streit schlichten. Wem gehört diese Orange? Die Mutter könnte nun das Naheliegende tun und die Orange in zwei Hälften teilen. Das wäre gerecht. Aber es würde vermutlich keines der Kinder zufriedenstellen. Die Mutter fragt vielmehr: „Was ist euer Interesse an der Orange? Wozu braucht ihr sie?" Sie erfährt, dass eines der Kinder den Saft trinken möchte, während das andere die Schale als Zutat zu einem Kuchen braucht. Die Frucht wird also geschält und anschließend ausgepresst. Beide fühlen sich als Gewinner.

Die Orangenfabel ist so etwas wie das Basisskript, dem jede Mediation folgt. Und zwar unabhängig davon, wer am Verhandlungstisch sitzt: zerstrittene Eheleute, Familienclans, die über einem Testament im Clinch liegen, oder Gegner, die in einem Bürgerkrieg um einen Waffenstillstand ringen.

Am Anfang jeder Mediation formulieren die Teilnehmer ihre Positionen. Das machen sie meist so spontan wie vehement – auch wenn es, materiell gesehen, nur um ein paar Orangen geht.

„Der soll bluten!“, ruft die verlassene Ehefrau und weicht keinen Cent von ihrer fünfstelligen Unterhaltsforderung ab. „Diese Zicke hat nichts verdient!“, giftet der eifersüchtige Erstgeborene und lässt die elterliche Villa lieber verfallen, als seiner ungeliebten Schwester auch nur einen Bruchteil vom Verkaufspreis zuzugestehen. „Die haben zuerst geschossen!“, behauptet der Milizenführer und weigert sich, auch nur einen Quadratmeter besetzten Gebietes zu räumen.

WER HAT ANGEFANGEN?

Wer ist schuld? Wer ist im Recht? Solange es um diese Fragen geht, ist eine Einigung aussichtslos. Ernsthafte Verhandlungen beginnen erst, wenn der Mediator allen Seiten die magische Frage aus der Orangenfabel stellt: Worum geht es eigentlich? Welche Bedürfnisse und Interessen stehen hinter Ihren Positionen?

„Das darf ich natürlich so direkt nie fragen. Denn Bedürfnisse zu äußern kostet Überwindung. Kaum jemand gibt gern zu, wie sehr er sich, zum Beispiel, nach Sicherheit sehnt. Oder gar nach Liebe.“

Sicherheit, Harmonie, Freiheit, Anerkennung und Wertschätzung: Es sind immer wieder die gleichen Grundbedürfnisse, die in Mediationen auftauchen.

Und darin liegt auch eine Chance: In ihrer Bedürftigkeit erkennen die Kontrahenten einander wieder. Sie nehmen wahr, dass hinter ihren selbst konstruierten Feindbildern auch nur ein Mensch steht, der unter dem Konflikt genauso leidet wie sie selbst.

Wenn das gelungen ist, dann ergibt sich die Lösung oft wie von selbst.

Im Fall W. liegen bislang nur die Positionen auf dem Tisch. Die aber sind klar erkennbar.

> »Ihr seid intelligent, gebildet, wohlhabend. Warum verschwendet ihr eure Zeit mit sinnlosem Streit?«

„Zehn Millionen“, sagt Nico. Das ist das Mindeste, was mir zusteht.

„Fünf, höchstens“, sagt Carla. „Mehr verkraftet die Firma nicht. Sonst müssen wir das Haus in Leipzig wieder abstoßen.“ Es ist März.

Bei der zweiten Sitzung des Mediationsverfahrens im Fall W. sitzen, auf Beckers Vorschlag, auch Carlas Kinder mit am Tisch. Zunächst kommen die beiden jedoch kaum zu Wort, denn zwischen Mutter und Onkel ist eine heftige Diskussion um die Höhe der Abfindung entbrannt.

Die Stimmung zwischen den Geschwistern ist gereizter geworden. Carla wirkt, äußerlich, immer noch kontrolliert. Aber wenn ihr Bruder redet, lässt sie mehr als deutlich ihre Ungeduld durchblicken. Rollt die Augen, seufzt vernehmlich, nestelt in ihren Papieren. Es spricht nicht nur Ungeduld aus diesen Gesten. Sondern auch Geringschätzung.

Nico bleibt freundlich. Doch in seinem verbindlichen rheinischen Singsang schwingt immer häufiger ein metallischer Unterton mit. Vor allem dann, wenn er seinen Lieblingssatz ausspricht: „Das steht mir zu!“

Es gibt Sätze, die tödlich sind für jede Diskussion. Weil sie das Bewusstsein für die eigene Verantwortung betäuben. „Ich will nur, was mir zusteht. Es geht ums Prinzip. Ich will gar nicht streiten, aber die anderen zwingen mich dazu.“ Mit jeder Wiederholung zementiert der Sprecher seine Position: Ich bin gut. Alles Böse sitzt auf der anderen Seite.

Friedwart A. Becker versucht, das Gespräch von den Zahlen wegzulenken. Mögen die Kinder ihre Position erläutern? Nora hat darauf nur gewartet. Sie ist ganz die Tochter ihrer Mutter: schmal, ernst, schnell im Denken und Reden. Und immer etwas ungeduldig.

„Wir reden doch hier über das Thema Nachfolge“, sagt sie. „Wenn Onkel Nico aus der Firma ausscheidet – wäre dies nicht der Zeitpunkt, Mutter, die Zuständigkeiten insgesamt neu zu verteilen? Du hast schon jetzt zu viel zu tun. Wir haben beide mittlerweile genügend Erfahrung gesammelt, um Verantwortung zu übernehmen.“ Ihr Bruder Henri nickt; es ist offensichtlich, dass der Vorstoß mit ihm abgesprochen wurde. Carla dagegen blickt entgeistert; einen Moment lang sieht es so aus, als wolle sie ihre Tochter anschreien.

„Nora hat Carlas Führungsanspruch infrage gestellt, vor Zeugen. Das war ein Tabubruch.“ Becker erkennt in diesem Moment, dass sich hinter

Alles wieder gut
Keine Beleidigungen,
keine Zwischenrufe: Wer richtig
streitet, kann sich am Ende
näher kommen

Carla W.s souveräner Fassade eine große Angst vor Machtverlust verbirgt, vor Veränderung generell. Und ein starkes Bedürfnis nach Sicherheit.

Die Geschäftsführerin hat sich schnell wieder im Griff. „Wir werden über deinen Vorschlag reden", sagt sie. „Aber erst müssen Nico und ich das Finanzielle klären."

IN SEINER FREIZEIT praktiziert Friedwart A. Becker Tai-Chi. Die chinesische Kunst des Schattenboxens gefällt ihm schon deshalb, weil sie ihn in mehrfacher Hinsicht an Mediation erinnert: Die Bewegungen folgen einer festgelegten Choreografie; sie setzen weniger auf schnelle Attacken als auf einen langen Atem. Und man muss als „Kämpfer" stets die Bewegungen eines unsichtbaren Gegners mitdenken.

In manchen Mediationsverfahren wächst das Unsichtbare, Unausgesprochene zu Elefantengröße heran. Es füllt das Verhandlungszimmer so machtvoll aus, dass die Menschen am Tisch sich kaum noch bewegen können. Und niemand wagt, den Elefanten im Raum anzusprechen, aus Angst, dass er außer Kontrolle gerät und alle miteinander in den Abgrund reißt.

Die Angst ist fatal. Denn es ist genau diese Sprachlosigkeit, die Konflikte eskalieren lässt.

Je länger zwei nicht miteinander reden, desto mehr verlieren sie jede Empathie füreinander. Jede Aktion bestätigt nur noch die wechselseitigen Feindbilder: Der auf der anderen Seite ist dumm, krank oder böse, und selbst wenn er ein Versöhnungsangebot schickt, ist dies vermutlich nur ein neuer Hinterhalt. Je mehr die Kontrahenten einander dämonisieren, desto mehr geraten ihnen auch die eigenen Bedürfnisse aus dem Blick. Bis am Ende nur noch eines zählt: den Gegner zu vernichten. Und sei es auch um den Preis des eigenen Untergangs.

Dieser Eskalationsdynamik erliegen selbst Menschen in den besten Familien. Becker kennt sie aus eigener Anschauung: Millionäre, die im Scheidungskrieg lieber den Kontakt zu ihren Kindern aufs Spiel setzen, als deren Mutter 100 Euro mehr Unterhalt zu zahlen. Fähige Unternehmer, die sich im Streit um ein Erbe so lange aufreiben, bis ihre Firma ruiniert ist.

Kinderleicht
Nach einer erfolgreichen Versöhnung bleibt oft nur noch eine Frage: Warum war das eigentlich so schwer?

„Manchen Klienten möchte ich zurufen: ‚Leute, wann kommt ihr endlich zur Besinnung? Ihr seid intelligent, gebildet, wohlhabend. Warum verschwendet ihr eure Zeit mit sinnlosem Streit?'"

»Ich möchte dir danken. Auch wenn ich damit zu spät komme«

So etwas sagt Becker natürlich nicht. Wenn die Fronten zu erstarren drohen, lässt er lieber ein Bild sprechen. Es zeigt einen Eisberg, im Längsschnitt betrachtet.

„Dies ist Ihr Konflikt, so wie er sich mir zurzeit darstellt. Im Moment reden wir nur über seine Sachebene – den Teil also, der aus dem Wasser herausragt. Um zu einer Lösung zu kommen, scheint es mir notwendig, auch seine Beziehungsebene in den Blick zu nehmen" – und er deutet auf die Eismasse, die unterhalb der Wasseroberfläche liegt. „Sind Sie damit einverstanden?"

Die Frage stelle er nicht pro forma, sagt Friedwart A. Becker: Er mache seinen Klienten immer wieder bewusst, dass die Verantwortung für eine Lösung bei ihnen liege.

Bei Erbschaftskonflikten reicht der Eisberg meist besonders weit in die Tiefe, weil die Beteiligten eine lebenslange gemeinsame Gefühlsgeschichte haben. Und wenn diese in den Blick kommt, reagieren gerade Menschen wie Carla W. oft abwehrend: Wir sind doch hier nicht beim Psychiater! Wir wollen über Fakten reden, nicht über alten Kinderkram!

Doch die W.s protestieren nicht, im Gegenteil: Es ist, als hätte der Anblick des Bildes ein Ventil geöffnet.

ES IST WIE FRÜHER.

„Du willst das dickste Stück vom Kuchen, obwohl du keinen Finger dafür krumm machst."

„Du lässt mich ja nicht! Du hast mir nie etwas zugetraut, genauso wenig wie Vater. Ich war immer der dumme kleine Bruder, der aus allem rausgehalten wurde."

„Und dafür verwöhnt wurde, nach Strich und Faden. Wer durfte denn schon mit 18 durch Frankreich trampen, mit eigener Kreditkarte, während ich am Empfang jobben musste?"

„Du Ärmste! Als wenn du das nicht genossen hättest. Hast Madame Wichtig gespielt, damit Papa dir Fleißkärtchen zusteckt."

„Weißt du eigentlich, wie ich unter unserem Vater gelitten habe? Was ich mir anhören musste, wenn ich nicht so funktionierte, wie er wollte? Erinnerst du dich, wie er mich vor versammeltem Personal angeschrien hat, als wir die Delegation aus Shanghai wegen Doppelbuchung umquartieren mussten?"

„Wenn du Vater so schrecklich fandest – warum benimmst du dich dann wie er? Machst Leute nieder. Guckst genervt, wenn ich auch nur einen Vorschlag mache. Warum kann ich es dir nie recht machen?"

„Weil du nichts auf die Reihe kriegst! Weil dir deine Galerie wichtiger ist als dein Job! Weil du die Firma an die Wand fahren würdest, wenn ich mich nicht um alles kümmern würde!"

„Das ist eine solche Frechheit! Wer hat denn das neue Kunstkonzept entworfen? Die Vernissagen organisiert? Das Galadinner für den Designerkongress ins Haus geholt?"

„Du meinst im Ernst, Marketing erschöpft sich darin, Bilder aufzuhängen und irgendwelche Modefuzzis zu bespaßen?"

SO HABEN SIE

gestritten an jenem dritten Sitzungstag im Juli. Nein – das stimmt nicht ganz. Dieser Dialog ist nur eine zugespitzte Inhaltsangabe von Beckers Erinnerung an das Gespräch. Richtig muss es heißen: So hätten die W.s gestritten – wenn der Mediator die ganze Zeit schweigend neben ihnen gesessen hätte.

Aber das hat er natürlich nicht.

Wenn ein Gespräch zu eskalieren droht, wechselt Friedwart A. Becker kurzzeitig die Rollen. Aus der Hebamme wird ein Dompteur, der den Gesprächsteilnehmern die Spielregeln in Erinnerung ruft, die zu Beginn des Verfahrens vereinbart wurden: Keine Beleidigungen! Keine Zwischenrufe! Jeder darf ausreden! Und es gibt im Zweifel nur einen, der das Wort erteilt.

Wenn dies geklärt ist, darf weiter gestritten werden. Aber in einem Stil, der dem Schattenboxen entspricht: maßvoll, bedächtig – und immer die Form wahrend.

Der Mediator setzt seine Fragen ein wie die Hebamme ihre Hände. Es gibt solche, die einfach nur Emotionen entschärfen: „Ich höre heraus, Frau W., dass Sie schon früh Verantwortung tragen mussten, und dass das auch belastend war. Sehe ich das richtig?“

Andere laden ein, das Gegenüber neu wahrzunehmen: „Was Ihre Schwester über das Verhältnis zu Ihrem Vater erzählt, Herr W. – wie wirkt das auf Sie? Haben Sie jemals darüber gesprochen?“

Wieder andere bringen unausgesprochene Bedürfnisse auf den Punkt: „Verstehe ich Sie richtig, Herr W., dass Sie sich von Ihrer Schwester nicht ausreichend wertgeschätzt fühlen?“

Und dann gibt es Fragen, die den Blick aller Beteiligten kurz an den Abgrund lenken: „Falls Sie sich in diesem Verfahren nicht einig werden – was wird schlimmstenfalls passieren?“

Wenn Friedwart A. Becker sein Fragen-Instrumentarium vorführt, wird klar, weshalb sich Mediationen oft so lange hinziehen: Ein Eisberg schmilzt eben nicht an einem Tag.

Aber es ist etwas in Bewegung geraten. Das zeigt sich bei dem nächsten Treffen einen Monat später.

Gleich zu Beginn bittet Carla W. ums Wort. „Ich habe noch keinen Lösungsvorschlag“, räumt sie ein, „aber ich habe nachgedacht über unser letztes Gespräch. Und ich möchte dir etwas sagen, Nico. Wir haben es nicht leicht miteinander gehabt. Was sicher auch an mir lag. Ich habe dir nicht den Freiraum gelassen, den du vielleicht gebraucht hättest. Habe vieles kleingeredet, was du geleistet hast. Und du hast viel geleistet. Ohne deinen Kunstverstand, deine Kontakte, ohne dich wären unsere Hotels nur – ja, eben nur Hotels. Ich möchte dir dafür danken. Auch wenn ich damit zu spät komme.“

Eine Zeitlang ist es sehr still im Besprechungszimmer. Becker sieht, wie Nico W. den Kopf in den Nacken legt, die Augen geschlossen. Nora erkennt als Erste, was los ist. Sie greift nach einem Taschentuch, aber es ist schon zu spät. Die Tränen fließen. Nico versucht zu lächeln, dann presst er angestrengt die Lippen zusammen, als wolle er ein Schluchzen unterdrücken. In diesem Moment sieht er seiner Schwester sehr ähnlich.

Becker erinnert sich nicht mehr, wer kurz darauf den Vorschlag aussprach, der den entscheidenden Durchbruch brachte. „Es war, als hätte er plötzlich auf dem Tisch gelegen, für alle sichtbar. Als hätte jemand das Licht angeknipst.“ Er weiß auch nicht mehr, wer von den vieren den Satz aussprach, den in der folgenden Stunde alle reihum wiederholten, kopfschüttelnd, strahlend vor Erleichterung. Einen Satz, der als Motto über der Mediationsvereinbarung hätte stehen können, auf deren Unterzeichnung alle Beteiligten wenige Tage später mit Champagner anstießen – nachdem auch die Hausbank der W.s ihre Zustimmung bekundet hatte.

Dass wir darauf nicht schon viel früher gekommen sind!

»Dass wir darauf nicht schon viel früher gekommen sind!«

DIE EINIGUNG SAH FOLGENDES VOR:

Nico bekommt seine zehn Millionen. Aber erhält die Hälfte davon nicht auf einen Schlag, sondern in Form einer lebenslangen Leibrente in Höhe von monatlich 10 000 Euro. Nicos Anteile an der Firma W. gehen mit sofortiger Wirkung auf seine Schwester Carla über. Diese überträgt sie, zusammen mit ihren eigenen Anteilen, im Laufe der nächsten zehn Jahre ihren Kindern. Nora, die dann zur Geschäftsführerin aufsteigt, wird Mehrheitseignerin mit 51 Prozent, Henri erhält 49 Prozent.

Einige Zeit nach der Einigung war Becker zu einem Geschäftsessen im Hotel W., zum ersten Mal seit Abschluss der Mediation. Es herrschte Hochbetrieb; die Modefachmesse CPD hatte gerade begonnen. Vor dem großflächigen Immendorff-Gemälde im Foyer wartete eine Traube von Gästen aufs Einchecken. Henri W., an der Rezeption vollbeschäftigt, winkte nur kurz herüber, aber er musste danach telefoniert haben, denn kurz nachdem Becker im Restaurant Platz genommen hatte, kam Nora W., um ihn zu begrüßen.

Ja, sagte sie strahlend, es gehe ihr gut, obwohl viel zu tun sei, sie seien gerade mit der Renovierung des Hauses in Leipzig beschäftigt, und ausgerechnet jetzt machten ihre Eltern Urlaub, zwei Wochen am Stück, zum ersten Mal seit über 20 Jahren. Aber ihr Bruder und sie hätten alles im Griff! Dann winkte sie dem Kellner, er möge Wein nachschenken.

Und wischte im Weggehen noch schnell einen Krümel vom Tisch. ‹

„Wir sitzen ein

Äußerlich fast gleich, charakterlich verschieden: Renate Popp (l.) und Waltraut Lehmann

Interview: Ruben **Rehage**

Fotos: Kim **Keibel**

ander im Kopf“

Zwilling zu sein ist nicht nur ein biologischer Status. In der Literatur, in Filmen, in der Gesellschaft: Zwillinge sind etwas Besonderes. Vor allem den eineiigen Pärchen wird nachgesagt, eine engere Bindung zueinander zu haben als zu irgendeiner anderen Person, der Mutter eingeschlossen. **Waltraut Lehmann** und **Renate Popp** aus Berlin haben ihr ganzes Leben gemeinsam verbracht – 78 Jahre

GEO WISSEN: *Im „Doppelten Lottchen", dem Roman von Erich Kästner, werden die Zwillinge als gegensätzlich dargestellt. Die eine nachdenklich, die andere aufgeweckt und wild. Wie ist das bei Ihnen?*
WALTRAUT: Ganz genauso. Ich rede viel mehr …
RENATE: … dafür bin ich immer die Stärkere gewesen, die Forschere. Du zurückhaltender.

Gibt es Fotos von Ihnen beiden, auf denen Sie sich selbst nicht auseinanderhalten können?
WALTRAUT: Sicherlich. Schaun Se ma … *(holt Kinderfotos).* Sagen Sie, wer ich bin.

Äh …
WALTRAUT: Die linke … Oder?
RENATE: Hm, ja? Kann schon sein.
WALTRAUT: Sie werden lachen: Gestern erst kam Renate zu Besuch, und meine Nachbarin hat uns verwechselt.
RENATE: Und die Enkel, als sie noch klein waren, für die war das ganz schwierig zu verstehen.

In Ihren eigenen Worten: Was unterscheidet Sie?
WALTRAUT: Ich war immer ein bisschen schlanker und ein bisschen kleiner.
RENATE: Jetzt sind wir gleich groß.
WALTRAUT: Und schlanker bin ich auch nicht mehr.
RENATE: Ich sage immer: Du bist jetzt alt, mach dir nicht mehr so einen Kopf.

Bei Kinderfotos müssen selbst die Schwestern überlegen, wer von beiden wer ist. Waltraut Lehmann sagt: „Ich war immer ein bisschen kleiner."

Mir fällt auch auf, dass Sie bei unseren Gesprächen oft das Gleiche anhaben.
WALTRAUT: Ja?

Das ist doch Absicht?!
WALTRAUT: Nein, eigentlich nicht.

Das glaube ich nicht. Sie haben auch die gleiche Frisur!
WALTRAUT: Ja, gut, wir gehen einmal im Monat zusammen zum Friseur.
RENATE: Aber die Kleidung sprechen wir nur zu besonderen Anlässen ab.

Sie haben Ihr ganzes Leben miteinander verbracht. Ein glückliches Leben?
WALTRAUT: Doppelt glücklich, weil …
RENATE: … wir fast immer zu zweit waren.
WALTRAUT: Eigentlich zu viert.
RENATE: Stimmt, die Männer.
WALTRAUT: Unsere Männer sind beste Freunde, seitdem wir sie kennen.

Sie wurden im Dezember 1943 geboren. Wie war das für Ihre Eltern, Zwillinge zu bekommen?
RENATE: Bei unseren Eltern hat es mit dem Kinderkriegen erst nicht geklappt. Die waren 16 Jahre lang verheiratet, ehe wir kamen, Mama war da 36. Im Februar 1943 waren die beiden eine Woche in Ruhpolding.
WALTRAUT: Da haben unsere Eltern einen Skikurs gemacht.
RENATE: Und uns *(lacht).*
WALTRAUT: Darf ich deinen Saft probieren?
RENATE: Ja, aber er wird dir nicht schmecken.
WALTRAUT: Na, gib erst mal her. Also, unser Vater war bei der Luftwaffe, in der Normandie.
RENATE: Mutti hat erzählt, dass wir jeden Tag das Bild unseres Vaters geküsst haben, bis er wiederkam. An Weihnachten 1947 kam er auf einmal die Straße runter.

Was ist die erste Erinnerung an die jeweils andere?
RENATE: Vati hatte uns beiden die gleiche Puppe mitgebracht aus der Kriegsgefangenschaft. Wie wir damit spielen, zwei Puppen, ein Puppenwagen, den wir gemeinsam schieben – das ist das erste Bild.

»Wir wurden nicht als **Einheit** wahrgenommen, wir **waren** tatsächlich eine«

Wurden Sie in Ihrer Kindheit als Einheit wahrgenommen?
WALTRAUT: Als Kinder, sogar noch als Jugendliche haben wir wirklich immer exakt das Gleiche angehabt, die Mutti hat alles doppelt stricken lassen. Unser Nachbar hat immer versucht zu raten, welche von uns welche ist. Bis zu meiner Hochzeit haben wir in einem Zimmer geschlafen, lange sogar in einem Bett.
RENATE: Und zu Weihnachten gab es immer das gleiche Geschenk.
WALTRAUT: Also: Wir wurden nicht als Einheit wahrgenommen, wir waren tatsächlich eine.
RENATE: Bis heute. Wir kriegen immer noch Einladungen zusammen.

Aber ist das nicht schlimm – nie als Individuum wahrgenommen zu werden?
WALTRAUT: Zweieiige Zwillinge, sagt man, haben da größere Probleme. Für uns war das nie schwierig. Wirklich. Also, nimm du mal deinen Saft zurück, meiner schmeckt mir besser.
RENATE: Habe ich dir doch gesagt.

Ich denke immer, Zwillinge sehen gleich aus, also sind sie auch gleich, die streiten nie und sind immer einer Meinung.
WALTRAUT: Doch, natürlich gab und gibt es Streit. Aber als Zwillinge … es ist schwer zu beschreiben, aber …
RENATE: … man gönnt dem anderen alles, man wünscht sich nur das Beste für ihn. Die Beziehung ist so eng …
WALTRAUT: … symbiotisch, kann man sagen. So jemanden im Leben zu haben – eigentlich bräuchten das alle.

Hatten Sie je andere enge Freunde?
WALTRAUT: Nicht wirklich, eigentlich.

Hat Ihnen das gefehlt?
RENATE: Nee.

Mussten Sie nie ohneeinander auskommen?
WALTRAUT: Nur ein Mal, für drei Jahre – durch die Berliner Mauer.
RENATE: Waltraut ist 1986 ausgereist.
WALTRAUT: Meine Tochter durfte in der DDR nicht studieren, also sind wir in den Westen gegangen.

Wie war das für Sie, Renate, als Sie allein zurückblieben?
RENATE: Ich habe eine Woche nicht geschlafen und nur geheult.
WALTRAUT: Wir haben euch ja noch gefragt, ob ihr mitmacht, aber dein Mann hatte noch seine Mutter im Altersheim.
RENATE: Wir haben Waltraut zum Bahnhof Friedrichstraße gebracht. Schrecklich war das, ich weiß noch, wie der Wachmann uns schnell wegschickte, nicht mal richtig Tschüs sagen durfte man. Und die Leute alle im Vorbeigehen: „Guck mal, die vielen Koffer, die reisen aus.“

Haben Sie, Waltraut, den Entschluss, auszureisen, in dem Moment bereut?
WALTRAUT: Nein. Meine Tochter wollte unbedingt Lehrerin werden, sie wäre auf jeden Fall rübergegangen. Und ohne Kind? Das konnte ich mir nicht vorstellen.

Sie haben sich für Ihre Tochter, gegen Ihre Schwester entschieden.
WALTRAUT: Na, das sagt aber nichts darüber aus, wen ich mehr liebe. Ich hatte auch die naive Vorstellung, dass ich meine Schwester würde besuchen

Mit 19 Jahren verliebten sich die Schwestern gleichzeitig in zwei Männer. Die waren damals schon beste Freunde

können. Ich wurde aber nicht mehr in die DDR gelassen.
RENATE: Wir haben viel telefoniert. Das wurde natürlich abgehört.

Wann haben Sie sich wiedergesehen?
RENATE: Bei Onkel Wenzel! *(Beide lachen)*
WALTRAUT: Kennen Sie den Wenzelsplatz?

In Prag?
WALTRAUT: Ja. Da haben wir uns getroffen. Am Telefon haben wir verabredet, Onkel Wenzel zu besuchen. Drei Tage waren wir zusammen in Prag. Und dann bist du irgendwann nachgekommen ...
RENATE: ... im Sommer 89. Ich musste dafür unser Elternhaus verkaufen, man durfte nichts besitzen, wenn man ausreisen wollte, sogar Hund und Katze mussten weg.
WALTRAUT: Kaum warst du drüben, fiel die Mauer. Aber unser Elternhaus war weg.

Wie war das Wiedersehen?
RENATE: Als die Ausreiseerlaubnis endlich kam, habe ich sie angerufen: „Wir kommen am Freitag!" Da sagt sie: „Nee, lieber Sonnabend, ich muss noch arbeiten." Ich dachte: Da wartest du hier drei Jahre, ist die doof, oder was? Wir sind dann am Samstag rübergefahren.

Wenn Sie erzählen, klingt es, als hätte es immer nur Sie beide gegeben. Aber Sie sind ja auch verheiratet. Wie ging das?
RENATE: Ich war 19, als ich meinen Mann kennengelernt habe, im Tennisverein.
WALTRAUT: Unsere Männer waren damals schon beste Freunde. Wir haben sie gleichzeitig kennengelernt. Wir fanden die sofort gut.
RENATE: Einmal, nach einer Fete ...
WALTRAUT: ... da haben die beiden uns nach Hause begleitet. Die Mutti hat gefragt: Wer hat euch denn gebracht? Da haben wir gekichert und sind in unser Zimmer gegangen.
RENATE: Wir liegen im Bett, ich sage noch zu Waltraut: „Den finde ich ja nett ..."
WALTRAUT: ... da klopft es plötzlich bei unseren Eltern am Schlafzimmerfenster.
RENATE: Die sind da hochgeklettert!
WALTRAUT: Die dachten, das wäre unser Zimmer. Die wollten uns noch eine gute Nacht wünschen.
RENATE: Und Mutti hat gesagt: „Komm Se rin, meene Herren." Die hat denen dann unser Fahrrad geborgt und gesagt: „Komm Se morjen doch ma zum Kaffe vorbei."
WALTRAUT: Mit den Kindern ging es dann relativ schnell. Einmal hatte ich noch Glück, beim zweiten Mal wurde ich schwanger. Also, um auf Ihre Frage zurückzukommen: Einen Mann zwischen uns zu lassen war nicht schwierig, ging ja nicht anders, ich war schwanger.

»Wenn unsere Männer vor uns gehen, machen wir eine Mädels-WG«

Gab es in Ihrem Leben Momente, in denen Sie die andere beneidet haben um etwas, eifersüchtig waren aufeinander?
WALTRAUT: Ja, Renate wurde viel früher Oma als ich. Und du hattest immer mehr Kavaliere als ich, als wir jung waren.

Was nervt Sie an der jeweils anderen?
WALTRAUT: Ich weiß, was du jetzt sagst ...
RENATE: Sie plant alles so weit im Voraus, da bin ich ganz anders. Und ...
WALTRAUT: ... dass ich so viel rede. Dafür schwindelt sie mich an, wenn etwas nicht stimmt. Das merke ich natürlich, wir sitzen einander im Kopf.

War eine von Ihnen schon mal richtig krank?
WALTRAUT: Ich habe einen angeborenen Herzfehler. Ich bin mit zehn Jahren beim Handball in der Schule einfach umgefallen.
RENATE: Seitdem bin ich die große Schwester und passe sie auf. Sie durfte nicht mehr Rad fahren und nicht mehr schwimmen. Wir haben das heimlich gemacht, trotzdem. Ich bin ja da, dachte ich immer, es kann nichts passieren.
WALTRAUT: Gleich nach der Wende wurde mein Herz operiert. Meine Schwester hat mich danach gepflegt, Haare gewaschen, Essen gebracht.

Ist Renate heute immer noch die „große Schwester"?
RENATE: Nein, wir passen heute gegenseitig aufeinander auf. Ich höre sofort, wenn es ihr nicht gut geht.
WALTRAUT: An der Stimme, das merke ich auch sofort.
RENATE: Wir rufen uns vormittags an und abends noch mal und, wenn es was Neues gibt, auch zwischendurch.

Jeden Tag?
RENATE: Na klar. „Machen wa Pause", sagen wir immer.
WALTRAUT: Wir kommen gerade zurück aus dem gemeinsamen Urlaub mit den Männern, wer weiß, wie lange das noch geht.
RENATE: Wir haben jetzt dauernd Angst, dass die andere anruft und irgendwas hat. Als sie mit dem Rad hinfiel und ihr Mann anrief und sagte, die liegt schon im Krankenhaus, da dachte ich: Oh Gott, bitte nicht!

Denken Sie darüber nach, dass eine von Ihnen irgendwann nicht mehr ist?
RENATE: Oh, Manno ...
WALTRAUT: Übrigens, hab ich dir noch gar nicht erzählt ... *(Die beiden reden ein wenig über alles Mögliche)*

Sie wollen nicht über meine Frage reden.
WALTRAUT: Na ja ... Die Angst ist da.
RENATE: Wenn unsere Männer vor uns gehen, ziehen wir zusammen und machen eine Mädels-WG.
WALTRAUT: Und wir haben uns schon einen Baum ausgesucht, unter dem wir alle zusammen begraben werden. Wir bleiben also zusammen, für immer.
RENATE: Wirklich für immer. ‹

GEO
Die Welt mit anderen Augen sehen
ALLTAG MIT ANDEREN AUGEN SEHEN
Uns und unsere Welt immer wieder neu entdecken, Zusammenhänge verstehen, Perspektiven wechseln und neugierig bleiben. Das ist GEO.
Die Geschichte von Menschen auf ihrer Suche nach der großen Freiheit gibt's auf geo.de/entdecken.
GEO
URGEWALT AUS DER TIEFE
VULKANE
EXPEDITION
SPITZBERGEN
INFLATION
BIRDWATCHER
KUBA
Foto: Brice Portolano

Text: Nicole **Basel** und Jenny **Niederstadt**

Fotos: Martin **Bogren**

STARKER HALT
In der südschwedischen Region Skåne treffen sich Jugendliche am Dorfrand zum Driften. In der Einöde finden sie Gemeinschaft, wenn die Motoren gluckern und der Staub aufwirbelt

Die *Macht*

Sehr früh schon entwickelten unsere Vorfahren Eigenschaften, die sie erfolgreich machten: ***die Fähigkeit, im Team zu arbeiten und gerecht zu teilen***

der *Gruppe*

Als *Charles Darwin* seine Evolutionstheorie veröffentlichte, prägte er auch den Begriff vom „Ringen ums Überleben“. Jeder Organismus, so spitzte es der Biologe Richard Dawkins in den 1970er-Jahren in seinem Buch „Das egoistische Gen“ zu, sei nur eine Art Vehikel, um die eigenen Erbeinheiten zu verbreiten. Doch *Homo sapiens* – jenes Lebewesen, das die Erde so erfolgreich besiedelt hat wie keine Art zuvor – scheint nicht in dieses Schema zu passen. Denn nicht allein sein Egoismus oder seine Aggressivität haben es ihm ermöglicht, die Erde von Feuerland bis zur Arktis zu bevölkern, sondern vor allem seine Bereitschaft, im Team zu arbeiten. Während es vielen Tieren schwerfällt, etwas abzugeben, ist es für den *Homo sapiens* häufig selbstverständlich, zu teilen.

Die menschliche Neigung zur Kooperation ist nicht anerzogen, sondern angeboren und von Genen geprägt – das jedenfalls nehmen Forschende an. Schon Kleinkinder versuchen, anderen zu helfen, ohne dazu aufgefordert zu werden.

Und gibt man einem einjährigen Kind ein paar Apfelstücke, wird es die meist schon nach kurzer Zeit mit anderen Menschen teilen. Oft gibt es sogar Fremden ab, ohne eine Gegenleistung dafür zu erwarten.

Einjährige sind geradezu versessen darauf, zu schenken, zu trösten, Essen zu verteilen oder etwas mit anderen gemeinsam zu tun, wie Psychologen nachgewiesen haben.

Pure Selbstlosigkeit ist das allerdings nicht. Wenn ein Mensch einem anderen hilft, werden Regionen im Gehirn aktiviert, die Belohnungen verarbeiten. Freundlich zu sein macht also zufrieden – selbst dann, wenn es etwa für ein Geschenk keine direkte Gegenleistung gibt: Schon Kleinkinder machen die Erfahrung, dass es sich durchaus lohnt, anderen zu helfen.

> Schon Kleinkinder machen die Erfahrung, dass es sich immer lohnt, anderen zu helfen

Und sie registrieren sehr genau, wer sie unterstützt oder ihnen Essen abgibt – und wer nicht. Mit etwa sechs Monaten beginnen Kinder dann jene Personen zu bevorzugen, die vorher hilfsbereit waren.

Derartige Tendenzen gibt es auch bei Tieren: Ratten etwa prägen sich Artgenossen ein, die zuvor bereit waren, Nahrung zu teilen – und zeigen sich bei späteren Begegnungen mit ihnen selbst spendabel. Egoistischen Gruppenmitgliedern geben sie dagegen nichts ab. Oder Graupapageien: In Versuchen mit Forschenden reichen sie Artgenossen im Nachbarkäfig auch dann Metallchips weiter, die sich gegen Essen eintauschen lassen, wenn sie selbst davon gar nicht profitieren. Und Vampirfledermäuse scheinen sogar stets im Blick zu behalten, wem sie innerhalb ihrer Gruppe einen Gefallen schulden: Die blutsaugenden Tiere spenden einander bereitwillig einen Teil ihrer Mahlzeit, wenn ein Individuum bei der nächtlichen Jagd leer ausgegangen ist. Dabei gehen sie allerdings keineswegs wahllos vor: Profitieren sie mehrere Tage hintereinander von der Selbstlosigkeit der Gruppe, fällt ihre Gabe nach einer endlich erfolgreichen Jagd besonders üppig aus. Offenbar wollen die Blutsauger ihren Ruf als kooperative Teammitglieder wiederherstellen, denn auch bei den Vampiren werden Egoisten eher gemieden.

Altruismus und Kooperation sind also auch im Tierreich bekannt. Doch dort erreichen sie nie ein derart komplexes Niveau wie beim Menschen.

Auch dessen Bereitschaft, andere zu unterstützen, ist zwar abhängig von der Situation: Jemand, der hungert, wird nicht generös teilen. Vergleicht man aber das Verhalten des *Homo sapiens* mit dem von Menschenaffen, dann wird deutlich, was beide unterscheidet: Die meisten Primaten geben nur Verwandten und Fortpflanzungspartnern etwas ab. Mit anderen Artgenossen der Gruppe dagegen teilen sie in der Regel nur, wenn diese intensiv betteln, drohen oder wenn ein Männchen von einem Weibchen Sex erhofft. Lediglich Schimpansen und Bonobos scheinen Nahrung auch zu teilen, um soziale Beziehungen zu festigen: bei ihnen fressen befreundete Tiere mitunter gemeinsam – ähnlich wie beim Menschen.

Dieser aber kooperiert sogar so stark, dass er dank der Gemeinschaft auch langfristige Nahrungsengpässe übersteht: Kranke zum Beispiel wurden bereits in der Steinzeit von ihren Gruppenmitgliedern mit Essen versorgt – und das mitunter über Jahre hinweg.

FESTE RITUALE
Qualmende Reifen zeichnen Gummispuren auf den Asphalt. So beweisen die Jungs der Gruppe ihr Geschick

GROSSE FREIHEIT
Egal ob Freundin oder kleiner Bruder: Wer hier jemanden kennt, gehört dazu. In den Regeln dieser eigenen Welt zählt es, Mut zu beweisen und andere anzufeuern

GEBORGEN SEIN

Gemeinsam Hindernisse überwinden, vormachen, nachahmen, anfeuern, helfen: Im Freundeskreis bilden Jugendliche die sozialen Fähigkeiten weiter, die ihnen schon in den Genen liegen. Die Gruppe fordert sie heraus und bietet Schutz

Nur wer ein gemeinsames Ziel hat, kann auch zusammen-arbeiten

So belegen Knochenfunde aus dem Irak, dass dort lebende Neandertaler schon vor 50 000 Jahren einen mehrfach behinderten Mann so gut pflegten, transportierten und mit Nahrung versorgten, dass er 40 Jahre alt werden konnte – ein enorm hohes Alter für die damalige Zeit. Noch ältere Spuren humaner Fürsorge stammen aus Frankreich: Dort entdeckten Forschende in einer Höhle nahe Monieux Hinweise auf einen Urmenschen, der im Alter keine Zähne mehr hatte und dennoch mehrere Jahre weiterlebte. Offenbar zerkleinerten die Angehörigen seiner Gruppe die Nahrung für ihn. Schon vor 175 000 Jahren profitierte bei den Menschen also der Einzelne vom Zusammenhalt der Gemeinschaft.

In der Gruppe lassen sich darüber hinaus größere Beutetiere erlegen, womöglich gar Mammuts – ein Vorteil für alle. Manche Anthropologen vermuten sogar, dass auf diese Weise unsere Sprache entstand: Für die Jagd mussten sich Menschen untereinander abstimmen und ihre Strategien koordinieren – was durch Gesten, Mimik und Laute am besten gelingt.

Und auch seine komplexen Waffen und Werkzeuge hätte der Mensch ohne seine Teamfähigkeit wohl kaum erfunden. Denn dazu ist eine weiterentwickelte Form der Zusammenarbeit vonnöten, die unter Tieren nicht in dem Maße bekannt ist: Der Mensch gibt seine Erfahrungen und Fähigkeiten weiter. Er wird zum Lehrer. So kann er Wissen sammeln und Erfindungen verbessern.

Auch Tiere nutzen Werkzeuge und lernen voneinander – Junge etwa imitieren das Verhalten erfahrener Artgenossen. Doch es zeigt sich ein gradueller, aber bedeutsamer Unterschied: Menschen bauen auf das Wissen anderer sinnvoll auf und entwickeln Ideen entscheidend weiter. Schimpansen können sich genau wie Menschen durch soziales Lernen eine bessere Technik aneignen, so nutzen sie zum Beispiel ausgesuchte Steine als Werkzeug zum Aufbrechen von Nüssen – ähnlich wie ein ferner Urahn des Menschen. Einen Faustkeil aber formten beide daraus über viele Hunderttausende von Jahren nicht.

Die frühen Menschen jedoch erfanden nach diesem ersten Werkzeug viele weitere, lernten, mit ihnen zu schneiden und zu schaben, zu hämmern und Holz zu spalten. In der Einsamkeit hätte die Gattung *Homo* diese Kreativität wohl nicht entfalten können – sondern nur, weil sie das stetig wachsende Wissen ihrer Gruppe zu nutzen weiß. Wenn es aber die Kooperation ist, die den Menschen so erfolgreich gemacht hat, warum arbeiten dann nicht auch seine nächsten Verwandten, die Menschenaffen, enger zusammen?

Offenbar sind sie dazu nur begrenzt in der Lage. So jagen Schimpansen zum Beispiel sehr geschickt, auch in der Gruppe. Lieber aber gehen sie allein auf Beutefang – denn nach einem Jagderfolg rangeln die Affen wild durcheinander und auch unbeteiligte Tiere greifen nach der Beute.

Für die Primaten lohnt sich die gemeinsame Hatz deshalb nur in Maßen: Wer sich dabei engagiert, muss fürchten, am Ende dennoch leer auszugehen. Menschen dagegen haben schon zu frühen Zeiten damit begonnen, erlegtes Wild zu einem Sammelplatz zu tragen und nach bestimmten Regeln innerhalb der Gruppe aufzuteilen.

Dass Teamplay bei Schimpansen kein Gewinn bringt, belegen auch Experimente des Max-Planck-Instituts für evolutionäre Anthropologie in Leipzig: Bei den Versuchen konnten die Tiere ein Brett mithilfe von zwei Seilen heranziehen. Auf dem Brett wartete eine Belohnung in Form von etwas Essbarem. Die Affen konnten allein oder gemeinsam mit einem Partner an den Seilen ziehen und entschieden sich eher zufällig für eines der beiden Modelle. Lag das Futter aber nicht aufgeteilt in zwei Portionen auf dem Brett, sondern als Einzelgabe in der Mitte, entschieden sich die Schimpansen noch einmal deutlich seltener für die Kooperation. Denn in der Regel schnappt sich bei dieser Anordnung das ranghöhere Tier das Obst – und sein Helfer geht leer aus.

Kinder dagegen arbeiten bei ähnlichen Versuchen in 78 Prozent der Fälle zusammen – auch wenn sie daraufhin die Belohnung teilen müssen. Mehr noch: Teilen die Versuchsleitenden bei ihnen die Belohnung ungerecht auf, liegen beispielsweise auf der einen Seite des Brettes drei, auf der anderen nur eine Murmel, teilen bereits Dreijährige die Kugeln nach dem gemeinsamen Zug am Seil fair auf.

Schimpansen scheitern an dieser Aufgabe und sind auch zu vielen anderen Formen der Kooperation unfähig, etwa gemeinsam einen schweren Gegenstand zu schleppen.

Die Erklärung: Zwar gibt es auch bei Tieren Elemente der sogenannten „shared intentionality“, wie Forschende es nennen – die Fähigkeit, zu verstehen, was der andere will, und einen gemeinsamen Plan zu erstellen. Sie sind aber bei Weitem nicht so stark ausgebildet wie beim Menschen. Doch nur wer ein gemeinsames Ziel hat, kann auch zusammenarbeiten.

Diese Fähigkeit geht über reine Hilfsbereitschaft hinaus, schließlich zeigen auch Tiere soziales Verhalten oder agieren sogar selbstlos. Doch der Mensch hat daraus ein weitaus komplexeres Gefühl der gegenseitigen Verbindlichkeit entwickelt: Er fühlt sich geradezu verpflichtet, bei gemeinsamen Aufgaben mit seinem Gegenüber zu kooperieren. Auch das zeigen Studien des Max-Planck-Instituts aus Leipzig: Zwei Kinder konnten dabei Spielsteine gewinnen, wenn sie diese gemeinsam geschickt mithilfe eines Stabs über Treppenstufen bugsierten. Der Apparat war dabei aber so aufgebaut, dass eines der Kinder früher an seinen Spielstein gelangen konnte. Viele brachen daraufhin aber die Aufgabe nicht ab, sondern halfen weiter, bis auch das zweite Kind seine Belohnung für die gemeinsame Anstrengung erhalten hatte.

Um derart sozial zu agieren, ist der *Homo sapiens* darauf spezialisiert, zu erkennen, was in den Köpfen anderer vorgeht.

Diese Empathiefähigkeit, also die Gabe, sich in andere hineinzuversetzen, wird durch eine Besonderheit des menschlichen Körpers sogar noch verbessert: Der sichtbare Teil des Weißen im Auge ist beim Menschen dreimal größer als bei Menschenaffen. Daher kann er viel besser erkennen, wohin sein Gegenüber blickt, und so besser einschätzen, was der andere denkt, fühlt und worauf seine Aufmerksamkeit gerichtet ist.

Zu all diesen Anpassungen muss es im Verlauf der menschlichen Evolution gekommen sein. Doch wie haben sie sich entwickelt?

Forschende sind darüber noch uneins. Möglicherweise war aber die Nahrungssuche dabei ein wichtiger Faktor. Da die frühen Menschen stark mit Tieren um die gleichen Nahrungsressourcen konkurrieren mussten, haben sich im Laufe der Evolution wohl jene Individuen durchgesetzt, denen es gelang, neue Futterquellen zu erschließen, etwa durch gemeinsame Jagd. Diejenigen, die teilen und sich gut in andere einfühlen konnten, waren dann im Vorteil.

Andere Forschende sehen in wachsenden Konflikten den entscheidenden Motor für die menschliche Zusammenarbeit: Möglicherweise verbündeten sich unsere Vorfahren, um gegen Artgenossen zu kämpfen. Kooperation innerhalb eines Clans war hilfreich, so die Evolutionsbiologen, um sich gegen menschliche Feinde und Konkurrenten durchzusetzen.

Doch auch Schimpansen gehen auf Kriegszüge. Andere Forschende halten außerdem entgegen, dass es in der dünn besiedelten Welt des frühen *Homo sapiens* wenig sinnvoll gewesen wäre, seine Energie im Kampf gegen benachbarte Gruppen zu verschwenden, als einfach weiterzuziehen.

Auch die lange Kindheit des Menschen gilt als Kandidat, der das Aufkommen der Kooperation begünstigt haben könnte: Fast kein Lebewesen auf der Erde wächst so langsam heran wie ein Menschenkind. Bis zur Geschlechtsreife brauche es zehn bis 13 Millionen Kalorien, hat die Primatenforscherin Sarah Blaffer Hrdy errechnet – das könne keine Mutter allein schaffen. Anders als bei allen anderen Primaten müssen deshalb im Laufe der Evolution Verwandte und Gruppenmitglieder damit begonnen haben, beim Versorgen der Kinder zu helfen, so Hrdy.

Ein Baby unserer Ahnen musste also nicht nur die Liebe seiner Mutter auf sich lenken, um zu überleben, sondern auch die Zuneigung anderer.

Und tatsächlich: Versuche haben gezeigt, dass bereits acht Monate alte Säuglinge sich dafür interessieren, was andere über sie denken. Und sich genau merken, wer ihnen hilft und wer nicht. Über einen langen Zeitraum der Evolution hatten diejenigen Babys die besten Überlebenschancen, die es verstanden, die Absichten anderer gut einzuschätzen. So lernten die Kinder unserer Vorfahren, die Stimmungen der anderen Gruppenmitglieder zu beurteilen – schon lange bevor es den anatomisch modernen Menschen gab.

Ohne dieses Einfühlungsvermögen hätte der *Homo sapiens* nie so viel Teamgeist entwickeln und so erfolgreich werden können. Und womöglich besäßen wir noch heute ein kleines Affenhirn, hätten unsere Vorfahren nicht irgendwann beschlossen, sich in der Gruppe um ihre Kinder zu kümmern: Denn nur die gemeinsame Aufzucht des Nachwuchses ermöglichte eine so lange Betreuungsphase. Weil die Kopfgröße bei der Geburt durch die Enge des weiblichen Beckens begrenzt ist, braucht ein Menschenkind nach der Geburt eine besonders lange Zeit, um sein Gehirn reifen zu lassen.

Erst durch die ausgedehnte Kindheit konnte das Denkorgan des *Homo sapiens* daher im Lauf der Evolution in etwa dreimal so groß werden wie das der anderen Menschenaffen.

„Wir mussten erst die freundlichsten Affen werden“, sagt Sarah Blaffer Hrdy, „ehe wir eine Chance hatten, auch die klügsten Affen zu sein.“ ‹

Was unterscheidet den Menschen vom Tier?

Fragt sich Susanne Gilges, die den nebenstehenden Text verifiziert hat. Schon früh haben Gelehrte versucht, die Besonderheit des Menschen herauszustellen. Sie sprachen vom „vernunftbegabten“, „sich selbst vervollkommnenden“ oder „prügelnden“ Tier. Heute nehmen viele Wissenschaftler*innen an, dass die „konzeptionelle“ Sprache uns von anderen Lebewesen trennt. Also die Möglichkeit, mithilfe von Gesten, Codes und Symbolen nicht nur Gefühle, Stimmungen und sogar abstrakte Beschreibungen zu formulieren, sondern über etwas zu kommunizieren, was über die Wirklichkeit hinaus zeigt. Ob dem tatsächlich so ist, oder nicht wieder nur ein gradueller Unterschied besteht, wird dann die Forschung der Zukunft zeigen.

»Die Macht der Gruppe« wurde vom GEO-eigenen Quality Board einem Faktencheck unterzogen

Zwei mit Rückenwind

Wie bleibt eine Beziehung zwischen Vater und Sohn auf Kurs? Zum Beispiel durch einen gemeinsamen Segeltörn in der Dänischen Südsee. Der Illustrator Timo Zett hat Logbuch geführt

TAG 1

DIE OSTSEE KLATSCHT UNS INS BOOT, WIR HABEN DIE WELLE VOLL AUF DEN BUG. DAS WASSER LÄUFT MIR DEN RÜCKEN RUNTER, MEINE HAARE, MEINE SOCKEN SIND NASS. WIR MACHEN GUTE FAHRT, MEIN VATER UND ICH. WIR SEGELN ZUSAMMEN, SEIT ICH EIN JUNGE WAR.

DAS GROẞ IST ANGESCHLAGEN (NEUSTADT, SCHLESWIG-HOLSTEIN)

TIMMENDORF AUF POEL

11° 24'

54°

KURS 100°, WIND 5-6 NE

TIMMENDORF
AUF POEL
MECKLENBURG-VORPOMMERN

ALS WIR IN DEN HAFEN MOTOREN WOLLEN STREIKT DER AUßENBORDER. EIN PÄRCHEN IN EINEM ROTEN GUMMIBOOT SCHLEPPT UNS AN DEN STEG. WIR HÄNGEN UNSERE UNTER-

HOSEN ZUM TROCKNEN AUF UND HOLEN UNS IN DER „POELER KOGGE" BIER UND DORSCH.

—

ÜBER DER OSTSEE GEHT DER MOND AUF. O

TAG 2
KURS 60°, WIND 2-4 NNE
WIR SEGELN DIE MECKLENBURGISCHE KÜSTE HOCH. AN WUSTROW VORBEI UND AN RERIK. SIND 8 STUNDEN UNTERWEGS. NOCH UNTER DER DUSCHE UND BEIM ZÄHNEPUTZEN SCHEINT DER BODEN ZU SCHWANKEN.
IM SCHEIN DER TASCHENLAMPE PLANEN WIR DIE NÄCHSTEN TAGE. FÜR MORGEN STEHEN RUND 60 SEEMEILEN AN. VON KÜHLUNGSBORN ÜBER DIE KADETRINNE NACH KLINTHOLM.
KØBENHAVN
SJÆLLAND
FYN
LANGELAND
MØN
FALSTER
LOLLAND
3.
NEUSTADT
2.
1.
MECKLENBURG

FOLKEBOOT

FOLKEBOOTE GEHÖREN ZU DEN KLEINSTEN FAHRTENSEGLERN, SIE SIND DIE BULLIS UNTER DEN YACHTEN. WIR KOCHEN AUF EINEM GASKOCHER, PINKELN IN EIMER. BEIM SEGELN KANN ICH JEDERZEIT DEN ARM AUSSTRECKEN UND DAS MEER BERÜHREN.

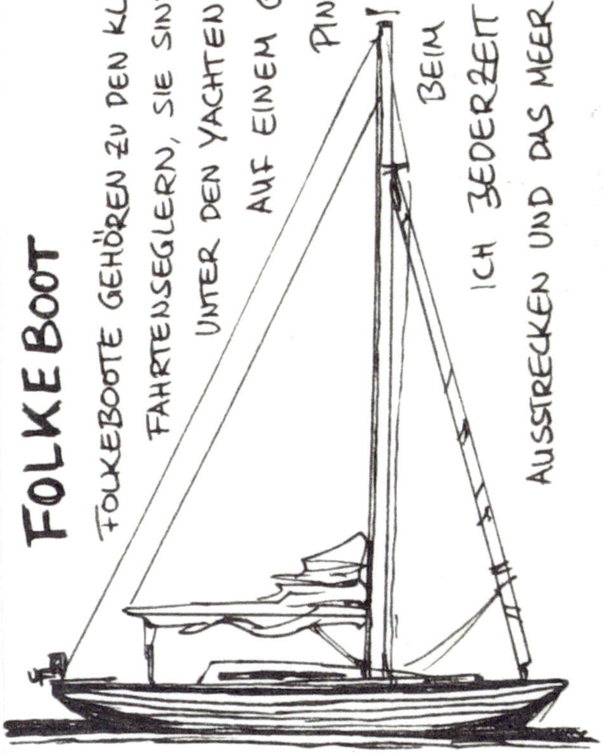

TAG 3

KURS 30°
WIND 4 NW → E

WIE IN JEDEM SOMMER ERKLÄRT MIR MEIN VATER GEDULDIG NOCH EINMAL, WAS DIE BACKSKISTE IST, WAS BILGE, DIRK & LEGERWALL-SITUATION. NACH 15 STUNDEN ERREICHEN WIR KLINTHOLM. DIE FARBEN ZWISCHEN SONNEN-UNTERGANG UND VOLLMOND SIND WUNDERSCHÖN.

TAG 5

KURS 330°
WIND 2–5 NNW

GESTERN WAR RUHETAG. HEUTE VON KLINTHOLM NACH RØDVIG. DAS WOLKENLOSE WETTER HAT UNSERE NASEN VERBRANNT. WIR LIEGEN IM FISCHEREIHAFEN, DIREKT NEBEN EINIGEN KLEINEN KUTTERN. IM ABENDWIND GEHEN WIR SPAZIEREN. DIE FELDER SIND GELB UND DIE OSTSEE IST DUNKELBLAU.

WIR REDEN ÜBER DAS WETTER, BOOTSTYPEN UND UNSERE DÄNEMARK-REISEN VON FRÜHER. REDEN

LOGBUCH

9:15 los NNW 2
StbB 1/2 115°
dann a.W.
Mi00 i.. 35° a.W. StbB
Möns Klint ...
Mi05 300° BbB a.W. N
Mi15 35° StbB a.W.

ÜBER DIE GESCHICHTE VON DEN BEIDEN DDR-FLÜCHTLINGEN, DIE ES MIT SURFBRETTERN VON HIDDENSEE NACH MØN GESCHAFFT HABEN. MEIN VATER ERZÄHLT DAVON, WIE SEINE ELTERN DEN 2. WELTKRIEG ERLEBT HABEN. WIE TANTE HANNI HEIMLICH IM FEINDSENDER GEHÖRT HAT, DASS IHRE BRÜDER IN KRIEGSGEFANGENSCHAFT GERATEN WAREN, SIE ALSO AM LEBEN WAREN. ABER NICHT MAL IHREN ELTERN KONNTE SIE DAS ERZÄHLEN. UNS STEIGEN TRÄNEN IN DIE AUGEN.

SPÄTER ESSEN WIR IM COCKPIT. VIER SILBERMÖWEN GIEREN NACH RESTEN. WIR GEBEN IHNEN NICHTS,
MACHEN BIER AUF, SCHREIBEN
TAGEBUCH UND MAILS
NACH HAUSE.

»ICH LIEBE
DIE SEE UND SIE
LIEBT MICH AUCH.«
- ELEMENT OF CRIME

TAG 7

WIR LAUFEN IN KOPENHAGEN EIN! HINTER UNS DIE ÖRESUNDBRÜCKE, LINKS MODERNSTE ARCHITEKTUR UND INDUSTRIE-ANLAGEN. HUNDERTE ASIATEN UMLAGERN DIE MEERJUNGFRAU. ZUM ANLEGEN ÜBERNIMMT MEIN VATER DIE PINNE, ICH SPRINGE AN LAND UND MACHE FEST.

DER TYP IM WASSER BIN ICH!

KOPENHAGEN, NYHAVN

AUF DEN STEGEN UND BRÜCKEN LIEGEN DIE TOURISTEN UND DIE DÄNEN IN DER SONNE. SIE BADEN MITTEN IN DER STADT.

»SKÅL!«

KOPENHAGEN SUMMT, DER SOMMER IST VOLLKOMMEN. WIR STOßEN MIT CRAFT BEER AUF UNSERE REISE AN UND BLINZELN IN DEN SONNENUNTERGANG.

Mein **Kollege** und **Fr~~eu~~eind**

Interview: Brigitte **Wenger**

Illustrationen: Dirk **Schmidt**

Wir verbringen so viel Zeit am Arbeitsplatz, dass automatisch Freundschaften und Feindschaften entstehen. Organisationssoziologe Stefan Kühl erklärt, wie aus Professoren Narzissten werden und warum Lästern guttut

Cliquenbildung
Freundschaften im Büro können den Team-Zusammenhalt stärken – aber auch zu Ausgrenzung und Mobbing führen

GEO WISSEN: *Herr Kühl, manchmal werden aus Kollegen Freunde. Ist das eigentlich gut für das Team und die Arbeit?*

STEFAN KÜHL: Freundschaften können – aus Sicht des Arbeitgebers – Sand im Getriebe sein. Befreundete Personen stehen sich besonders loyal gegenüber, das kann dazu führen, dass sie bestimmte Informationen nur untereinander weitergeben. Diese persönlichen Kontakte kann eine Firma nicht kontrollieren, also führt sie Strukturen ein, damit die Zusammenarbeit funktioniert.

Sie meinen Regeln und Hierarchien?

Die formale Struktur eines Unternehmens ist offiziell festgelegt. Wer steht wo in der Hierarchie, wer ist mit wem im Team, wer hat welche Aufgaben. In dieser Struktur ist so etwas wie gegenseitige Unterstützung oder Freundschaft nicht vorgesehen. Die informale Struktur auf der anderen Seite steht nirgends geschrieben. In dieser Struktur gibt es Personen, die zwar hierarchisch nicht oben stehen, aber trotzdem mehr Einfluss haben als andere. Es existieren Freundschaften, auf einer Ebene oder über Hierarchiegrenzen hinweg.

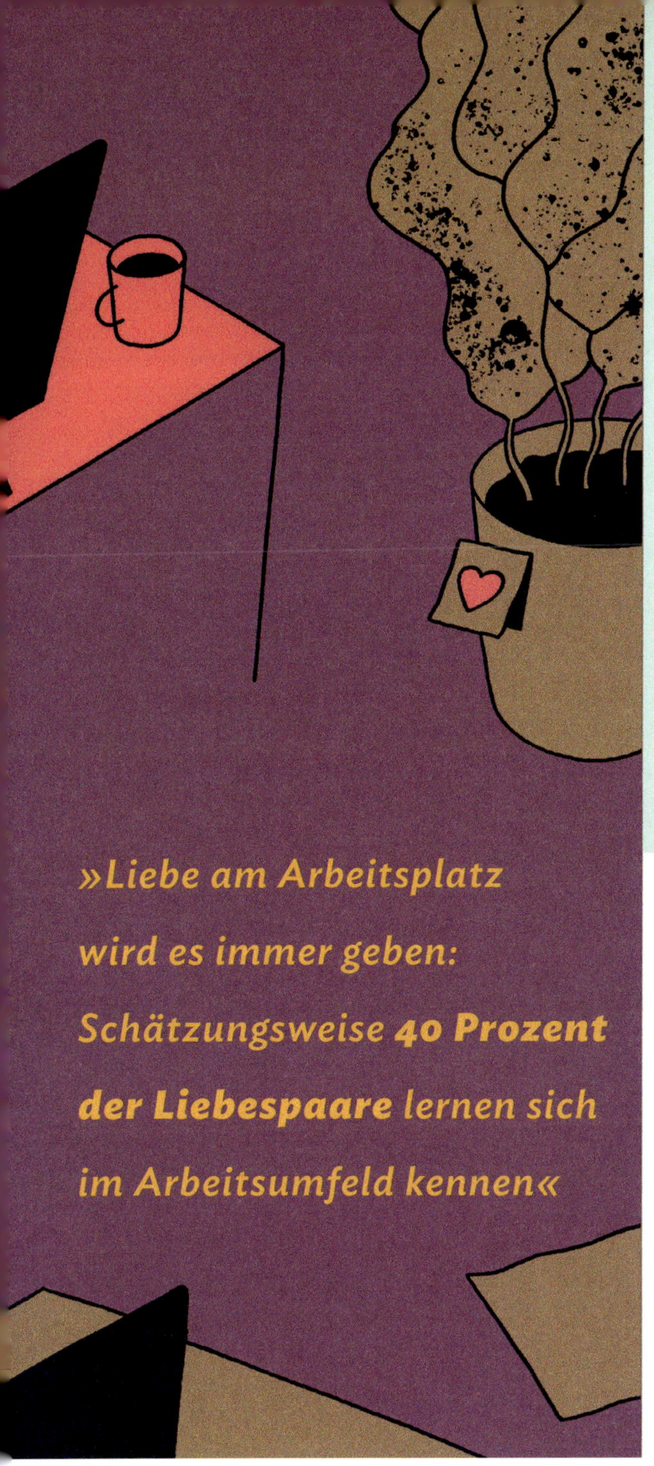

»Liebe am Arbeitsplatz wird es immer geben: Schätzungsweise 40 Prozent der Liebespaare lernen sich im Arbeitsumfeld kennen«

Prof. Dr. Stefan Kühl

(Jg. 1966) ist Professor für Organisationssoziologie an der Universität Bielefeld und arbeitet seit 1992 als Organisationsberater bei Metaplan. Er berät Unternehmen, Verwaltungen, Ministerien und Universitäten besonders in Fragen der Strategie- und Organisationsentwicklung. Er hat mehrere Bestseller über Organisationsfragen verfasst und ist Autor des Lehrbuchs „Organisationen. Eine sehr kurze Einführung“. Zuletzt erschien von ihm „Brauchbare Illegalität. Vom Nutzen des Regelbruchs in Organisationen“

Manche Unternehmen scheinen mehr auf Freundschaften zu beruhen als andere, Start-ups zum Beispiel. Einige von ihnen sind sehr erfolgreich, vielleicht sogar wegen der besonderen Kollegialität?

In einem jungen, schnell wachsenden Unternehmen, in dem 80 Stunden pro Woche gearbeitet wird, entstehen automatisch Freundschaften und Liebesbeziehungen. Das hat einen gewissen Charme, und das Unternehmen wird in den ersten ein, zwei Jahren auch durch diese starken Personenbeziehungen getragen. Freundschaften können ein Unternehmen also auch produktiver machen. Der Versuch, eine Gruppe von Freunden zu bleiben, kippt aber spätestens bei 15, 20 Mitarbeitenden – das ist unsere Erfahrung aus der Organisationssoziologie. Es braucht formale Regeln, damit die Zusammenarbeit langfristig funktioniert.

*Und doch sind Unternehmen mit möglichst wenigen Hierarchiestufen und viel demokratischer Mitbestimmung für Bewerber*innen sehr attraktiv.*

Ich kenne keine Organisation mit mehr als 50 Mitarbeitenden, die die Hierarchie abgeschafft hat. Vielleicht haben sie eine Ebene rausgenommen oder umbenannt. Die Vorgesetzten heißen jetzt halt Coaches. Sie müssen aber noch immer bei einer Entlassung mitentscheiden. Und das merken die Mitarbeitenden. Sie reagieren entsprechend genervt auf den Doppelcharakter ihres Arbeitgebers.

Warum sind Hierarchien gut?

Sie reduzieren Konflikte. Man kann auf die eigene hierarchische Position verweisen und damit Debatten abkürzen. Fehlt die Hierarchie, wird teilweise gekämpft, bis sich eine Person in diesem Machtkampf durchgesetzt hat. Schauen Sie sich – um den Begriff des Arbeitsplatzes etwas weiter zu fassen – Parteien an. Natürlich gibt es Parteivorstände. Doch die Basis besteht aus einer flachen Masse. Wir haben festgestellt, dass gerade aufgrund des Fehlens einer Hierarchie sehr brutale Umgangsformen herrschen. Daher kommt auch der Spruch: „Feind, Erzfeind, Parteifreund“.

Verhalten sich Menschen am Arbeitsplatz anders als zu Hause?

Wir nehmen je nach Umgebung eine andere Rolle ein. Ich erinnere mich, wie es mich als Kind irritierte, meine Eltern bei der Arbeit zu erleben, sie verhielten sich nicht immer so, wie ich sie von zu Hause kannte. Das Gleiche gilt für uns. Deshalb ist es etwa schwierig, Kolleginnen oder Vorgesetzte zu einer Party mit Freunden einzuladen. Ich würde raten, das nur zu tun, wenn man mit der Kollegin auch befreundet ist.

Woher weiß ich, ob ich mit einer Kollegin oder einem Kollegen befreundet bin oder ob wir im Büro vielleicht einfach nur gut miteinander auskommen?

Das ultimative Testkriterium aus Sicht der Soziologie ist der Moment, wenn sofort nach dem Jobwechsel oder der Verrentung kein Kontakt mehr da ist. Dann war die Freundschaft eine Fiktion.

Und wenn ich neu in ein Unternehmen komme – wie lerne ich schnell die informale Struktur kennen, die nirgendwo geschrieben steht?

Die Kolleginnen und Kollegen sorgen dafür. Als Neuling darf man schon Fehler machen. Vielleicht ist jemand zu forsch, jemand anderes arbeitet zu schnell oder zu langsam. Die Älteren im Büro geben bald direkt oder indirekt zu verstehen, dass das so nicht geht. Wir Soziologen sprechen von informaler Sanktionierung oder sogar Mobbing. Wer neu in eine Organisation kommt, muss zeigen, dass sie oder er bereit ist, die unausgesprochenen Normen zu lernen. Halten Sie sich also erst einmal zurück. Beobachten Sie und fragen Sie nach, wenn sich ein erstes Vertrauensverhältnis aufgebaut hat.

Beziehungen entstehen ja nicht in Meetings, sondern am Kaffeeautomaten. Wie stark hat die Pandemie und das Arbeiten zu Hause der informalen Struktur geschadet?

Was die Arbeit angeht, bekommen wir online eigentlich die gleiche Qualität hin wie bei persönlichen Interaktionen. Es kann sogar ein Vorteil sein, sich nicht persönlich in einem Raum gegenüberzusitzen, weil wir uns besser auf den Inhalt konzentrieren können. Was online aber natürlich fehlt – und das lässt sich im Moment noch nicht zufriedenstellend simulieren –, ist das, was stattfindet, wenn man von einem Meeting ins nächste geht. Man tauscht sich online nicht zufällig auf dem Flur aus. Das wäre aber wichtig. Für persönliche Beziehungen, aber auch für gute Ideen.

Aber immerhin wird so auch weniger getratscht und gelästert.

Weswegen soll Tratschen und Lästern negativ sein? Klar, man kann jetzt ein Horrorbild zeichnen, wo alle nur noch böse übereinander sprechen. In gewisser Weise erfüllen Tratschen und Lästern aber wichtige Funktionen. Beim Tratschen bekommen Mitarbeitende sehr genaue Einschätzungen von anderen Personen vermittelt. Sie erfahren, wem man trauen kann und wem nicht, manche helfen sich gegenseitig beim Erklimmen der Karriereleiter. Lästern ist ein Ventil für Frustration, und es stärkt das Gemeinschaftsgefühl.

Das hört sich fast zu gut an. Nur die Person, über die gelästert wird, wird das anders sehen.

Es wird sowieso gelästert. Am meisten über die Chefs. Mitarbeiter verbünden sich, indem sie lästern. Wer das nicht aushält, sollte nicht Vorgesetzte werden. Als Universitätsprofessor habe ich viel mit

Studierenden zu tun. Sie tauschen permanent Informationen über mich aus, ohne dass ich das kontrollieren kann.

Wäre es für Sie und für die Qualität der Vorlesungen nicht relevant zu wissen, was gesprochen wird?

Auf der einen Seite verpasse ich Informationen, die wichtig sein könnten. Auf der anderen Seite bin ich froh, dass ich nicht alles mitbekomme, was über mich gesagt wird. Das würde mich sonst massiv belasten. Es gibt eben bestimmte Informationen, an die ich als Dozent nicht rankomme. Stattdessen erhalte ich eher eine geschönte, gefilterte Rückmeldung. Je weiter oben in der Hierarchie, desto blinder werden Personen dafür, was wirklich stattfindet. In Universitäten zum Beispiel hat das den Effekt, dass Professoren kleine Narzissten werden. Wenn sie immer nur hören, wie toll sie sind, dann glauben sie das irgendwann.

Aber auch unter Chefs wird doch sicherlich gelästert?

Lästercliquen gibt es überall. Oder auch Karrierecliquen, die sich beim Aufsteigen innerhalb der Branche unterstützen.

Sind in den Cliquen immer alle befreundet?

In einer Clique haben alle das gleiche Interesse. Aus Sicht des Arbeitgebers können Cliquen positiv oder negativ sein. Wir wissen aus der militärsoziologischen Forschung, dass Wehrmachtsoldaten zum Ende des Zweiten Weltkrieges nicht desertierten, obwohl der Krieg offensichtlich verloren war. Sie wollten ihre Kameraden nicht hängen lassen. Da brachte die Cliquenbildung für die Wehrmacht ein hohes Maß an Funktionalität. Gleichzeitig wissen wir aber auch, dass sich Cliquen gegen die eigene Organisation richten können. Etwa im Vietnamkrieg. Amerikanische Kompanieführer waren häufig junge Offiziere, die direkt nach der Ausbildung in Vietnam Soldaten führen sollten, die schon mehrere Jahre im Einsatz waren. Wurden Offiziere als unfähig empfunden, konnte es schon passieren, dass sie bei Kampfeinsätzen von den eigenen Soldaten erschossen wurden. Es gibt also diese zwei Seiten: Kameradschaft schweißt zusammen, aber aus derselben Kameradschaft können unerwünschte Schweigezirkel und zum Beispiel auch sexuelle Belästigungen entstehen.

Der Hashtag #MeToo macht sexuelle Belästigungen publik, auch am Arbeitsplatz. Hat sich dadurch etwas verändert?

Vor 20 Jahren hatten Organisationen ein ganz anderes Verhältnis zu sexuellen Beziehungen ihrer Mitglieder. Außereheliche Beziehungen am Arbeitsplatz zu führen und als Mann damit auch noch zu prahlen, hat damals zur Cliquenbildung beigetragen. Heute kann man nicht mehr ohne Weiteres davon ausgehen, dass das geduldet wird. Wenn sich Männer darüber beschweren, dass man nicht mehr mit einer Frau flirten oder ihr die Tür aufhalten darf, würde ich das als positives Zeichen deuten.

Was bedeutet das für die Liebe am Arbeitsplatz?

Die wird es trotzdem immer geben. Wir schätzen, dass sich rund 40 Prozent der Liebespaare im Arbeitsumfeld kennenlernen. Organisationen wie Unternehmen, Parteien und Universitäten sind neben allem anderen auch Kontaktbörsen. ‹

»Frauenkörper werden immer noch **verkauft**«

Wir führen freie, gleichberechtigte Beziehungen, und der Sexismus ist auf dem Rückzug. Eigentlich müsste alles gut sein in der Liebe. Ist es leider nicht, sagt die Soziologin **Eva Illouz**

Interview: Judith **Liere** und Matthias **Schmidt**

Fotos: Corinna **Kern**

Illouz daheim in Jerusalem. Für die israelische Professorin sind Kapitalismus und Liebe untrennbar verbunden.

Die Regeln für Liebe und Sex sind laut Eva Illouz nicht weniger geworden. Nur verwirrend vielfältig und freier verhandelbar

GEO WISSEN: *Frau Illouz, Sie forschen über Liebe und Romantik in der Konsumgesellschaft. Ihre Erkenntnis: Die Liebe ist gescheitert. Wie kommen Sie darauf?*
EVA ILLOUZ: Das Idealbild von Liebe ist viel zu groß geworden, zu einem fast unmöglichen Projekt. Weil die Liebe so viele verschiedene Funktionen erfüllen soll: Gemeinschaft, Sexualität, Freundschaft, Vergnügen.

Und schuld daran ist der Kapitalismus?

Das Bild, das wir von der romantischen Liebe haben, stammt eigentlich aus dem 18. Jahrhundert. Breitenwirksam wurde es im 20. Jahrhundert, vor allem mithilfe der Massenmedien, etwa Hollywoodfilmen. Wir alle haben dieses Idealbild im Kopf, doch die Gesellschaft hat sich geändert: Früher konnte man sich auf die Familie verlassen, auf Gemeinschaften, heute stehen die meisten für sich allein.

Das heißt: Viele sind einsam, träumen aber von der großen Liebe. Wie kommen wir raus aus dieser Liebesfalle?

Ich bin Soziologin und keine Ratgeberautorin. Aber ich finde, wir sollten Freundschaft mehr wertschätzen. Freundschaft beinhaltet kein Drama. Deswegen wird sie nicht so schnell zur Ware, zum Gebrauchsgegenstand, der von der Medienindustrie recycelt wird. Freundschaft ist ein viel stilleres Gefühl. Sie ist nicht an große Institutionen wie die Ehe gebunden, sie erzeugt keine Gefühle von Verlangen oder verrückter Eifersucht. Freundschaft reicht meist nicht aus für Geschichten, die die Leute sehen oder lesen wollen.

Aber Freunde setzen nicht unbedingt Kinder in die Welt, die jede Gesellschaft zum Überleben braucht.

Ich möchte die Liebe als Konzept auch nicht völlig aufgeben. Familien müssen sich weiterhin darauf stützen. Aber muss es denn diese sehr enge Form der romantischen Liebe sein? Die Idee der Liebe wird gerade erweitert, etwa von der asexuellen Bewegung, die versucht, Formen der Liebe zu definieren, die nicht von der Sexualität abhängig sind. Oder es gibt die Polyamorie: Liebe, die nicht auf Exklusivität besteht. Unsere Gesellschaft ist zu sehr fixiert auf die heterosexuelle Liebe. Bei den alten Griechen war Liebe ein sehr

Eva Illouz

In Marokko geboren, in Frankreich aufgewachsen. Schreibt über »Das Glücksdiktat« und »Warum Liebe endet«. Zuletzt erschien: »Was ist sexuelles Kapital?«

viel durchlässigeres Konzept: Männer heirateten Frauen, hatten aber auch Beziehungen mit Männern. Wir sollten das auch erwägen.

Ihr Buch „Warum Liebe endet“ beschäftigt sich auch mit einem weiteren modernen Phänomen: mit unverbindlichem Sex. Sie sagen, dass der unser Beziehungsleben massiv beeinträchtigt.

Gelegenheitssex ist ein direktes Ergebnis der sexuellen Revolution. Die Freiheit, Sex zu haben, ohne danach gleich heiraten zu wollen oder zumindest eine feste Beziehung führen zu müssen. Ich wollte mich mit den Auswirkungen dieser Freiheit beschäftigen.

Was haben Sie herausgefunden?

Wir betrachten unser Sexleben häufig als eine Art Karriere. Am Anfang haben wir keine Erfahrung, dann sammeln wir immer mehr Wissen. Wir versuchen, attraktiver zu werden und Partner anzuhäufen. Auf diese Weise lernen wir auch, uns auf Zurückweisungen vorzubereiten. Früher markierte Sex meist den Beginn einer festen Beziehung. Das gilt heute nicht mehr.

Was ist daran so schlimm?

Gelegenheitssex ist nicht schlimm. Aber er beeinflusst unsere Fähigkeit, dauerhafte Beziehungen einzugehen. Weil er Ungewissheit erzeugt. Immer mehr Beziehungen beginnen als reines Vergnügen, es fehlt ihnen ein Rahmen, der den Partnern hilft, sich weiterzuentwickeln, sich zu stabilisieren. Das Liebeswerben war früher eng verbunden mit der strengen Beschränkung von Sexualität, zum Schutz der Jungfräulichkeit der Frau. Die Männer mussten eine bestimmte Vorgehensweise einhalten – die Zustimmung der Eltern, Höflichkeitsbesuche, der Austausch von Geschenken –, die von der Gemeinschaft und der Familie kontrolliert wurde. Solch eine moralische und soziale Überwachung der Sexualität ist heute nicht mehr denkbar.

Ist doch gut, dass man nicht gleich heiraten muss, wenn man miteinander im Bett war.

Das ist für mich keine Frage von gut oder schlecht, ich möchte die Auswirkungen dieses sozialen Wandels verstehen. Der Rahmen für Beziehungen muss heute jedes Mal von den Beteiligten neu verhandelt werden. Was wollen wir voneinander? Wie lauten die Regeln? So kommen viele mögliche Beziehungen überhaupt nicht aus den Startlöchern heraus. Es ist ja nicht so, dass es heute überhaupt keine Regeln mehr gibt. Sie sind nur individueller, chaotischer, umstrittener. Wer ergreift wann die Initiative? Ab wann gilt eine Beziehung als verbindlich? Es erfordert viel Mühe, sich darüber klar zu werden.

Von dieser Problematik lebt heute eine ganze Medienindustrie, vor allem Beziehungsratgeber und Frauenzeitschriften.

Ein großer Teil der heutigen Frauenkultur basiert auf diesem Gefühl der Unsicherheit, der Ungewissheit – und wie man damit umgeht. Selbst ernannte Expertinnen versuchen, Regeln aufzustellen. Was bedeutet es, wenn er dich nicht anruft? Solltest du erst bei der dritten Verabredung mit ihm ins Bett? Ratgeber und Zeitschriften versuchen sich an Antworten, aber sie scheitern meiner Meinung nach. Weil wir nicht mehr sicher wissen, was solches Verhalten bedeutet.

Frauen machen sich über dieses Thema nach wie vor mehr Gedanken als Männer?

Der Grund dafür ist ganz einfach: weil Frauen immer noch dominiert werden. Liebe und Sexualität können nicht losgelöst werden von Politik und Wirtschaft. Der größte Teil des Vermögens auf der Welt gehört Männern. Die meisten Staatenlenker sind Männer. Über das Militär müssen wir gar nicht erst reden. Wenn Männer Wirtschaft, Politik und Militär, also die Zentren der Macht, so dominieren, kontrollieren sie automatisch auch Liebe und Ehe und haben die Macht in der sexuellen Arena. Männer beherrschen das System. Frauen bleibt nur die Macht der Untergeordneten. Sie müssen auf Strategien zurückgreifen, um attraktiv zu wirken.

Moment: Dass Männer nach dem zweiten Date nicht anrufen, hat etwas mit dem Patriarchat zu tun?

In Ehe und Sexualität erleben Frauen weiterhin in hohem Maße die Macht der Männer. Typische Frauensätze lauten: Alle Männer sind Schweine. Oder: Männer sind gefühlskalt, sind abweisend. Für mich ist das eine psychologische Übersetzung von etwas, was eigentlich Macht bedeutet. So verhalten sich die Mächtigen: Sie entziehen sich, sind zu nichts verpflichtet. Sie haben Privilegien, und sie sehen keine Notwendigkeit, sich zu entschuldigen oder zu rechtfertigen.

> »In Ehe und Sexualität erleben Frauen weiterhin in hohem Maße die Macht der Männer«

Trotzdem ändert sich gerade der Blick auf Frauen. Es gibt die MeToo-Bewegung, die Sexismus thematisiert; die Formel 1 verzichtet auf Grid-Girls, und bei Misswahlen gibt es keine Bikinis mehr.

Das sind Ausnahmen, Frauenkörper werden immer noch verkauft. Oder es gibt diese Marketingtricks, wie die Kosmetikwerbung, die behauptet: Jeder Körper ist schön. Insgesamt ist der Druck für Frauen eher größer geworden, an ihrem Körper zu arbeiten, Kosmetikprodukte zu kaufen, das Älterwerden zu verbergen. Wenn es da eine Gegenbewegung geben sollte, dann hat sie leider keine Auswirkungen, im Gegenteil: Die Zahl der Schönheitsoperationen steigt. Der Wert einer Frau bemisst sich weiterhin an der Schönheit ihres Körpers.

Sie beschäftigen sich schon lange damit, warum Liebe schmerzt, scheitert und endet. Wirken sich Ihre Ergebnisse auch auf Ihr Privatleben aus?

Wenn es so wäre, würde ich es Ihnen nicht verraten. Aber das ist nun mal das Wesen meines Forschungsgebiets: Soziologie entzaubert und entmystifiziert, das ist ihre Aufgabe. Das mag deprimierend sein. Andererseits ist es die Basis, um etwas Neues aufzubauen, ohne falsche Vorstellungen und Ideologien. Wenn etwas nicht funktioniert, will man doch herausfinden, warum. Sobald man das weiß, kann man daran arbeiten, dass es besser wird. Sonst denken die Menschen, die an der Liebe scheitern, dass es an ihnen liegt, dass mit ihnen etwas nicht stimmt. Anstatt sich einsam und schuld an der eigenen Misere zu fühlen, soll ihnen klar werden: Es betrifft nicht nur sie.

Eva Illouz will die Dinge verstehen, um sie besser zu machen. Aber Lebensratschläge erteilt sie nicht

Ist diese Erkenntnis das wichtigste Ziel Ihrer Forschungen?

Ich möchte, dass die Leute verstehen, dass die gesellschaftlichen Strukturen tiefe Auswirkungen auf ihr Glück, ihre Liebe, ihre Sexualität haben. Wir können nicht so einfach trennen, wie wir Waren herstellen und konsumieren und wie wir lieben. Das hängt alles miteinander zusammen, es steckt im selben System.

Wie sind Sie ursprünglich auf die Idee gekommen für Ihr Lebensthema?

Ich habe in New York studiert und hatte einen Freund. Zu seinem Geburtstag wollte ich ihm ein schönes Essen kochen, aber ich war pleite. Also habe ich mich gefragt: Warum habe ich überhaupt dieses Bedürfnis, ihm etwas Teures zu kaufen, guten Rotwein, gutes Essen? Das hat mich genervt. Ich war 27 Jahre alt. Damals hatte ich zwar schon angefangen, über Liebe zu forschen, aber mir war der Fokus noch nicht klar: Liebe und Konsum. Und als Jugendliche habe ich sehr gern billige Romane gelesen, Fotoromane, den totalen Trash. Und parallel dazu Marcel Proust. Die romantische Liebe in der Kultur hat mich damals schon sehr interessiert.

Was ist Ihr Rat als Expertin: Sollen wir trotz allem immer wieder versuchen, uns zu verlieben? Ist die Liebe den ganzen Schmerz wert?

Nicht immer, ehrlich gesagt. Trennungen können Herzen brechen, doch wir haben sie als unvermeidbaren Teil des Liebeslebens akzeptiert. Aber wenn Menschen am Beziehungsende seelisch schwer misshandelt werden, leiden sie oft im Dunkeln, das wird nie wirklich öffentlich diskutiert. Wir sagen: Bedauerlich, aber so was passiert eben.

Was können wir dagegen tun?

Unsere Vorstellungen von Moral und unsere ethischen Maximen sollten vor Sexualität und romantischer Liebe nicht haltmachen. Da versuchen die Leute, nachhaltig zu leben, kaufen ihren Kaffee extra in Läden, wo die Angestellten fair behandelt werden, ernähren sich aus Tierschutzgründen vegan – aber dann behandeln sie ihre Liebespartner wie Müll. Und niemand sieht das als Widerspruch. Das sollte sich ändern. Wenn wir jemanden unvermittelt verlassen, beeinflussen wir damit dauerhaft das Ego des Partners, wir verändern seine Selbstwahrnehmung. Darüber machen wir uns viel zu wenig Gedanken. ‹

IMPRESSUM

GRUNER + JAHR DEUTSCHLAND GMBH, AM BAUMWALL 11, 20459 HAMBURG

POSTANSCHRIFT DER REDAKTION: BRIEFFACH 24, 20444 HAMBURG.
TELEFON: 040/37 03-0
E-MAIL: BRIEFE@GEO-WISSEN.DE
INTERNET: WWW.GEO-WISSEN.DE

CHEFREDAKTION: Jens Schröder, Markus Wolff
REDAKTIONSLEITUNG: Meike Kirsch (Reise), Christiane Löll, Jürgen Schaefer (Wissen), Katharina Schmitz (Natur und Nachhaltigkeit), Joachim Telgenbüscher (Geschichte)
VISUAL DIRECTION: Andreas Pufal
INNOLAB: Margitta Schulze Lohoff
STELLV. VISUAL DIRECTION (FOTOGRAFIE): Lars Lindemann
MANAGING DESIGNER: Arne Kluge (P. M.), Torsten Laaker (GEO WISSEN, GEOkompakt), Tatjana Lorenz (GEO*EPOCHE*), Eva Mitschke (GEO Saison), Daniel Müller-Grote (GEO)
TEXTLEITUNG: Stephan Draf, Birte Lindlahr, Katharina Priebe
REDAKTIONSGESCHÄFTSFÜHRUNG: Maike Köhler, Bernd Moeller
LTG. DIGITALE MAGAZINE/SONDERPRODUKTE: Rainer Droste
TEXTREDAKTION: Jörg-Uwe Albig, Jörn Auf dem Kampe, Klaus Bachmann, Jens-Rainer Berg, Kirsten Bertrand, Insa Bethke, Tilman Botzenhardt, Dr. Anja Fries, Marlene Göring, Gesa Gottschalk, Rainer Harf, Lara Hartung, Gunnar Herbst, Maria Kirady, Diana Laarz, Fred Langer, Barbara Lich, Dr. Mathias Mesenhöller, Theresa Palm, Dr. Vivian Pasquet, Ines Possemeyer, Samuel Rieth, Nora Saager, Martin Scheufens, Katja Senjor, Iona Marie Schlußmeier, Claus Peter Simon, Johannes Teschner, Bertram Weiß, Sebastian Witte
ABENTEUER & EXPEDITIONEN: Lars Abromeit
REDAKTEUR FÜR BESONDERE AUFGABEN: Siebo Heinken
BILDREDAKTION: Julia Franz, Mareile Fritzsche, Christian Gargerle, Christian Gogolin, Anja Jöckel, Frauke Körting, Chantal Alexandra Pilsl, Roman Rahmacher, Jochen Raiß, Carla Rosorius, Trixi Rossi, Simone Thürnau, Katrin Trautner, Carina Weirauch
GRAFIK: Sharare Amirhassani, Ulrike Darwisch, Dennis Gusko, Anja Klingebiel, Jan Krummrey, Christina Schäfer, Christina Stahlke, Frank Strauß, Nele Wiewelhove
KARTOGRAFIE: Stefanie Peters
CHEF VOM DIENST/KOORDINATION: Ralf Schulte
QUALITY BOARD – VERIFIKATION, RECHERCHE, SCHLUSSREDAKTION: Leitung: Tobias Hamelmann, Norbert Höfler; Melanie Moenig (Stellvertreterin) Sven Barske, Elke v. Berkholz, Lenka Brandt, Regina Franke, Hildegard Frilling, Dr. Götz Froeschke, Thomas Gebauer, Ricarda Gerhardt, Susanne Gilges, Cornelia Haller, Dagny Hildebrandt, Sandra Kathöfer, Judith Ketelsen, Petra Kirchner, Dirk Krömer, Michael Lehmann-Morgenthal, Jeanette Langer, Dirk Liedtke, Kirsten Maack, Jörg Melander, Andreas Mönnich, Adelheid Molitoris, Susan Molkenbuhr, Alice Passfeld, Christian Schwan, Andreas Sedlmair, Stefan Sedlmair, Olaf Stefanus, Bettina Süssemilch, Torsten Terraschke, Antje Wischow
ASSISTENZ DER CHEFREDAKTION/REDAKTIONSASSISTENZ: Ümmük Arslan, Judith Swiderek, Silvia Wieking
HONORARE/SPESEN: Angelika Györffy, Heidi Hensel, Daniela Klitz, Katrin Schäfer, Carola Scholze, Katrin Ullerich, Andrea Zysno
GEO.DE: Leitung: Julia Großmann, Jan Henne
Redaktion: Peter Carstens, Jaane Christensen (Bildredaktion), Solvejg Hoffmann, Malte Joost
GEO PLUS: Leitung: Jan Henne. Verantwortlicher Redakteur: Jörn Auf dem Kampe
Redaktion: Dr. Stefanie Maeck, Manuel Opitz, Matthias Thome, Franziska Türk, Bertram Weiß
VERANTWORTLICH FÜR DEN REDAKTIONELLEN INHALT: Jens Schröder, Markus Wolff
HEAD OF PUBLISHING: Frank Thomsen, Julian Kösters (Stellvertreter)
PUBLISHING MANAGEMENT: Patricia Hildebrand, Svenja Urbach, Eva Zaher
DIGITAL BUSINESS DIRECTION: Julian Kösters
SALES DIRECTION: Franziska Bauske, Betsy Edakkamannil, Maren Falke, DPV Deutscher Pressevertrieb
MARKETING DIRECTION: Sandra Meyer, Frank Thomsen
MARKETING MANAGEMENT: Pascale Victoir
PRESSE- UND ÖFFENTLICHKEITSARBEIT: Xenia El Mourabit
HERSTELLUNG: G+J Herstellung, Heiko Belitz (Ltg.), Oliver Fehling
LINZENZEN: BRANDS Licensing by G+J: Siegel und Sonderdrucke, Koordination: Petra Martens, E-Mail: feldmann.luisa@guj.de
VERANTWORTLICH FÜR DEN ANZEIGENTEIL: Petra Küsel, Head of Brand Print+Direct Sales, Ad Alliance GmbH, Am Baumwall 11, 20459 Hamburg.
Es gilt die jeweils aktuelle Preisliste unter *www.ad-alliance.de*

Bankverbindung: Deutsche Bank AG Hamburg,
IBAN: DE30 2007 0000 0032 2800 00, BIC: DEUTDEHH
ISSN: 0933-9736
Druckvorstufe: Mohn Media Mohndruck GmbH. Druck: Quad/Graphics, Wyszków
GEO WISSEN wird auf chlorfrei gebleichtem Papier gedruckt. Die Papierfasern stammen aus nachhaltiger Waldbewirtschaftung. Die Nachhaltigkeit ist nach ISO 14001 zertifiziert.

USA: GEO WISSEN (German) (USPS no 00011476) is published by Gruner+Jahr Deutschland GmbH. Known Office of Publication: Data Media (A division of Cover-All Computer Services Corp.), 2221 Kenmore Avenue, Suite 106, Buffalo, NY 14207-1306. Periodicals postage is paid at Buffalo, NY 14205. Postmaster: Send address changes to GEO (German), Data Media, P.O. Box 155, Buffalo. NY 14205-0155, E-Mail: service@roltek.com, Toll free: 1-877-776-5835

Kanada: Sunrise News, 47 Silver Shadow Path, Toronto, ON, M9C 4Y2, Tel. + 1 647-219-5205, E-Mail: sunriseorders@bell.net

GEO-LESERSERVICE

FRAGEN AN DIE REDAKTION
Tel.: 0049/40/37 03 20 84
E-Mail: briefe@geo-wissen.de

ABONNEMENT- UND EINZELHEFTBESTELLUNG
ONLINE-KUNDENSERVICE: geo.de/kundenservice
POSTANSCHRIFT: GEO WISSEN Kundenservice, 20080 Hamburg
Tel.: 0049/40/55 55 89 90
SERVICE-ZEITEN: Mo–Fr 7.30–20 Uhr, Sa 9–14 Uhr
PREIS JAHRESABONNEMENT:
44,00 € (D), 50,00 € (A), 74,40 sfr (CH);
Preise für weitere Länder auf Anfrage erhältlich.
EINZELAUSGABEN IM HANDEL: Bezugsquellen finden Sie unter *mykiosk.com*

BESTELLADRESSE FÜR GEO-BÜCHER, GEO-KALENDER, SCHUBER ETC.:
GEO-Versand-Service, 74569 Blaufelden
Tel.: 0049/40/422 36 427

BILDNACHWEIS/COPYRIGHT-VERMERKE

Anordnung im Layout: l. = links, r. = rechts, o. = oben, m. = Mitte, u. = unten

TITEL
Malte Jäger/DEEPOL by plainpicture

EDITORIAL
Bettina Theuerkauf für GEO WISSEN: 3 o. l.;
Andreas Pufal für GEO WISSEN: 3 o. r.

INHALT
siehe entsprechende Seiten

MEINE MENSCHEN
Maria Feck für GEO WISSEN: 6/7, 10/11, 14/15, 20/21;
Lena Giovanazzi für GEO WISSEN: 8/9; Mirja Maria Thiel: 12/13; Insa Hagemann für GEO WISSEN: 16/17; Helena Schätzle für GEO WISSEN: 18/19

LASS UNS DOCH FREUNDE SEIN
Karen Marshall: 22–30

DIE KUNST DER VERSÖHNUNG
Cecilia Reynoso: 32/33, 38/39; Hayley Austin: 35, 37, 40; Andreas Lattke: 36;
Meyer/Tendance Floue: 43; Elinor Carruci, »Happiness«, 2012, from MOTHER: 44

»WIR SITZEN EINANDER IM KOPF«
Kim Keibel/privat: 48-51

DIE MACHT DER GRUPPE
Martin Bogren: 54–60

ZWEI MIT RÜCKENWIND
Illustrationen: Timo Zett: 64–73

MEIN KOLLEGE UND FR~~EU~~EIND
Illustrationen: Dirk Schmidt für GEO WISSEN: 74–79;
außer: David Maupilé: 77 o. r.

»FRAUENKÖRPER WERDEN IMMER NOCH VERKAUFT«
Corinna Kern: 80–84

»EINSAME RAUCHEN MEHR«
Floriane de Lassée, aus »Inside Views«, Hemeria Verlag: 86-92;
außer: privat : 89 u.

DER BESTE FREUND HAT FELL
Daniel Gebhart de Koekkoek: 94/95, 102-105; Anastasia Taylor-Lind: 96–101;
Kristin Bethge: 106–109; Elen Koss/Shutterstock: 110 o.;
Evgeny Turaev/Shutterstock: 110 m.; Serafima Dashkevich/Shutterstock: 110 u.;
Brian Finke für GEO: 112–115

MENSCH, MAMA!
Anne Moldenhauer: 118–123

IN ALTER FREUNDSCHAFT
Stephan Schneider: 124-128

FAMILIENSACHE
Carolin Windel: 132–143

„Einsame rauchen mehr“

Fünf bis 15 Prozent aller Deutschen geben bei Befragungen an, dass sie sich oft oder immer einsam fühlen. Die Folgen sind Krankheiten und eine sinkende Lebenserwartung. Die Psychologin Susanne Bücker plädiert dafür, Einsamkeit viel stärker als ein Risiko für die öffentliche Gesundheit wahrzunehmen – und den anderen Wartenden an der Bushaltestelle wieder öfter in die Augen zu schauen

Text: Kathrin **Aldenhoff**

Fotos: Floriane **de Lassée**

Ist da jemand?
Nicht jede, die allein in der Wohnung sitzt, ist einsam. Früher oder später aber braucht auch sie andere Menschen

GEO WISSEN: *Frau Bücker, ich bin eigentlich ganz gern allein. Woran merke ich, dass ich einsam bin?*

SUSANNE BÜCKER: Einsamkeit ist ein subjektives Gefühl. Menschen fühlen sich einsam, weil sie zu wenig Kontakte haben. Oder weil ihre Beziehungen nicht so tiefgreifend sind, wie sie es gern hätten. Allein sein hingegen beschreibt einen objektiven Zustand. Wenn Sie zum Beispiel ohne jemand anderen in Ihrer Wohnung sind, sind Sie allein. Solange Sie das nicht als Defizit wahrnehmen, würde man nicht von Einsamkeit sprechen.

Also ist Alleinsein etwas Gutes, Einsamkeit aber nicht?

In der Psychologie ist Einsamkeit ein negatives Gefühl. Es beschreibt die Differenz zwischen den gewünschten und den tatsächlich bestehenden Beziehungen. Wenn Sie aber einen Philosophen fragen, könnte der auch der Einsamkeit etwas Positives abgewinnen. Alle sind sich aber darin einig, dass der Mensch soziale Beziehungen braucht. Das ist ein Grundbedürfnis. Hunger zeigt uns, dass wir Nahrung brauchen. Einsamkeit zeigt uns, dass soziale Beziehungen fehlen. Wie viele soziale Kontakte jemand braucht, ist allerdings unterschiedlich.

Bienenstock Büro Auch wenn die Architektur eines Firmengebäudes abweisend erscheint: Die Kollegenschaft ist für viele Menschen wichtiger sozialer Bezugspunkt

Susanne Bücker

Die promovierte Psychologin berät die Europäische Kommission als Expertin für Einsamkeit und forscht an der Ruhr-Universität Bochum auch zu Perfektionismus und Lebenszufriedenheit

»Wenn sich ein Paar trennt, **können Freunde versuchen abzulenken.** Aber dieses Loch, das der Partner hinterlassen hat, können sie schlecht füllen«

Gibt es Menschen, die besser für die Einsamkeit geeignet sind als andere? Nonnen, Priester oder Einsiedlerinnen vielleicht?

Sie sind besser fürs Alleinsein gemacht. Oder sie verspüren nicht so schnell Einsamkeit, wenn sie allein sind, weil sie sich gar nicht so viele andere Menschen um sich herum wünschen. Das hat mit der Persönlichkeit oder gewissen Charakterzügen zu tun. Introvertierte Menschen brauchen nicht so viel soziale Stimulation, um zufrieden zu sein. Sie genießen es, wenn sie ein Buch lesen oder allein in der Natur sind. Wohingegen andere Personen das gleiche Level an Wohlbefinden nur erreichen, wenn sie im Kontakt mit anderen sind.

Kann man auch in Gesellschaft einsam sein?

Es gibt mehrere Formen von Einsamkeit. Bei der emotionalen Einsamkeit fehlt einem jemand, den man richtig gut kennt und der einen immer versteht. Stellen Sie sich einen Gast auf einer Geburtstagsfeier vor, umgeben von vielen Bekannten. Wenn diese Person die vielen Pärchen sieht und sich auch einen engen Vertrauten wünscht, dann kann sie durchaus einsam sein. Obwohl sie gerade sehr viele Leute um sich hat. Bei der sozialen Einsamkeit hingegen fehlt einem ein breiteres Netzwerk an Menschen. Jemand kann in einer glücklichen Paarbeziehung sein, aber sich dennoch einsam fühlen, weil er sich wünscht, an der Uni eine Gruppe Freunde und losere Bekanntschaften zu haben.

Kann der Partner dieses Einsamkeitsgefühl nicht ausgleichen?

Nein, das kann er meist nicht. Denn Einsamkeit lässt sich über die unterschiedlichen Facetten hinweg in der Regel nicht kompensieren. Wenn sich zum Beispiel im Freundeskreis ein Paar trennt, können Freunde versuchen, einen von beiden oder beide abzulenken. Das ist sicher besser, als nichts zu tun. Aber dieses Loch, das der Partner oder die Partnerin hinterlassen hat, können Freunde schlecht füllen. Und es gibt noch eine dritte

Facette der Einsamkeit, nämlich die kollektive Einsamkeit. Diese Menschen haben das Gefühl, nicht die gleichen Werte zu teilen wie die anderen um sie herum.

Von Ihnen stammt die Aussage, Einsamkeit sei ein sehr normales Gefühl. Wir wissen heute aber, dass Einsamkeit Stress verursacht und anfälliger macht für Herz-Kreislauf-Erkrankungen. Einsame sterben sogar früher. Ist es nicht verharmlosend, wenn Sie sagen, das sei normal?

Es ist wichtig, zwischen vorübergehender und chronischer Einsamkeit zu unterscheiden. Vorübergehende Einsamkeit ist sehr normal, das erlebt fast jeder einmal. Aber fünf bis 15 Prozent der Menschen geben in unseren Befragungen an, dass sie sich oft oder immer einsam fühlen. Da sprechen wir von chronischer Einsamkeit, und die hat die negativen Konsequenzen, die Sie beschrieben haben. Chronisch Einsame bewegen sich im Durchschnitt weniger, rauchen mehr und trinken mehr Alkohol. Auch sind sie anfälliger für Übergewicht. Dieses Verhalten führt zu anderen Erkrankungen und kann die Lebenserwartung senken.

Ab wann wird Einsamkeit chronisch?

Wir versuchen gerade herauszufinden, wie lange Menschen sich einsam fühlen, bevor ernste gesundheitliche Probleme einsetzen. Die Ergebnisse stehen noch aus. Klar ist, je länger man einsam ist, desto schlechter. In anderen Ländern wird Einsamkeit bereits als Risiko für die öffentliche Gesundheit wahrgenommen. Da wird kaum ein Unterschied gemacht zwischen Übergewicht, chronischen Rückenschmerzen oder Einsamkeit. In Deutschland beginnt das gerade erst. Wichtig ist: Es gibt sehr viele Menschen, die sich mal einsam fühlen. Aber das heißt nicht zwangsläufig, dass sie in eine Negativspirale geraten. Viele schaffen es aus dem Einsamkeitsgefühl heraus.

Warum schaffen das manche Menschen und andere nicht?

Menschen bringen unterschiedliche Charakterzüge mit, die bedingen, wie sie mit anderen umgehen. Manchen fällt es deutlich leichter, nach einem Umzug einfach mal bei den neuen Nachbarn zu klingeln und sich vorzustellen. Diese Menschen kommen einfacher aus der Einsamkeit heraus als andere, die schüchterner sind und mehr Hemmungen haben, auf andere zuzugehen.

Sind Menschen also an ihrer Einsamkeit selbst schuld?

Nein. Einsamkeit kann sehr stark von äußeren Rahmenbedingungen abhängen, über die man wenig Kontrolle hat. Wer sich von seinem Partner trennt, ist vielleicht einsam. Dieses Gefühl löst sich oft auf, wenn ein neuer Partner gefunden wurde. Und die Pandemie-Situation hat gezeigt, wie Kontaktbeschränkungen plötzlich dazu führen, dass sich Menschen erstmalig in

Hallo, Nachbar
In der Anonymität der Metropole befällt den Einzelnen leicht das Gefühl, in der Masse unterzugehen. Kontakte im Kiez, in der unmittelbaren Umgebung können helfen, sich dennoch in der Millionenstadt geborgen zu fühlen

Lichtblicke
Die moderne Welt hat die Menschen einander entfremdet, nur wenige leben noch in intakten Dorfgemeinschaften. Sind wir deshalb alle Einzelkämpfer? Nein, Studien zeigen, dass Menschen heute nicht einsamer sind als vor 40 Jahren

ihrem Leben einsam fühlen. Und das völlig unverschuldet. Häufig geben sich einsame Menschen selbst die Schuld für ihre Einsamkeitsgefühle. Sie haben den Eindruck, sie seien komisch oder verfügten nicht über ausreichend soziale Kompetenzen. Das trifft jedoch in den meisten Fällen nicht zu. Wir haben über die Einsamkeit in Gesellschaft gesprochen. Die Forschung zeigt, dass man gute soziale Kompetenzen und viele Freunde haben kann und sich trotzdem einsam fühlt. Sich selbst die Schuld zu geben, verstärkt das Einsamkeitsgefühl.

In welcher Lebensphase sind Menschen besonders einsam?

Oft entsteht Einsamkeit, wenn Menschen in ihrer Mobilität eingeschränkt sind und sich nicht mehr selbstbestimmt im Alltag bewegen können. Älteren fällt es oft schwerer als Jüngeren, aus der Einsamkeit herauszukommen, weil viele Ressourcen nicht mehr da sind. Sie haben vielleicht ihren Partner verloren, gleichaltrige Freunde sterben, sie selbst bauen körperlich ab. Womöglich hören und sehen sie nicht mehr so gut. All diese Barrieren hindern sie daran, mit anderen in Kontakt zu kommen. Aber nicht nur alte Menschen sind einsam, sondern auch das junge Erwachsenenalter ist eine Lebensphase, in der Menschen deutlich anfälliger für Einsamkeit sind.

Warum ist es wichtig, über Einsamkeit zu sprechen?

Einsamkeit ist stark stigmatisiert und tabuisiert. Das führt oft dazu, dass einsame Menschen sich viel zu spät trauen, über ihre Gefühle zu reden. Dadurch geben sie anderen wenig Gelegenheit, sie zu unterstützen. Kampagnen zur mentalen Gesundheit und offene Gespräche helfen, das haben wir beim Thema Depression gesehen. Da hat ein Abbau von Stigmatisierung dazu beigetragen, dass Menschen sich früher Hilfe suchen. Bei der Einsamkeit beginnen wir damit erst. Die Bundesfamilienministerin hat das Kompetenznetz Einsamkeit eröffnet, das soll für dieses Thema in der Öffentlichkeit sensibilisieren und Forschung fördern.

Was können wir alle gegen zu viel Einsamkeit tun?

Wichtig wäre, dass man seine Mitmenschen häufiger fragt, wie es ihnen eigentlich geht und sich auch ernsthaft für die Antwort interessiert. Und wir sollten versuchen, beiläufige Begegnungen mit anderen im Alltag zuzulassen. Nicht gleich nach dem Smartphone zu

> »Corona hat vielen vor Augen geführt, **wie wichtig ihnen soziale Kontakte sind**. Jetzt wissen viel mehr Menschen, was Einsamkeit bedeutet«

greifen, wenn wir nicht wissen, was wir machen sollen. Sondern zum Beispiel den Blickkontakt zu Menschen um einen herum suchen, die auch auf die Bahn warten.

Ist Einsamkeit ein Symptom der Moderne?

Nicht unbedingt. Das Einsamkeitsgefühl kennt man schon sehr lange. Und wir sehen in verschiedenen Forschungsarbeiten, dass Einsamkeit – besonders bei älteren Menschen – heute nicht stärker ist als zum Beispiel vor 40 Jahren. Bei den jungen Erwachsenen sehen wir allerdings, dass sie heute etwas einsamer sind. Die Rolle der Smartphones und der sozialen Medien wird in diesem Kontext oft diskutiert, aber die muss man sehr differenziert betrachten. Es kommt sehr darauf an, wie man sie nutzt. Wenn man damit neue Kontakte knüpft und diese in seine Offline-Welt überträgt, stärkt es das Gefühl der sozialen Verbundenheit. Wenn man nur noch Online-Kontakte hat, dann ist das eher schädlich und steigert Einsamkeitsgefühle.

Wenn man mit Freunden zusammen ist, guckt oft jeder auf sein Smartphone. Alle sind zusammen, aber jeder ist irgendwie für sich.

Das beobachte ich auch immer wieder. Man ist dann nicht richtig anwesend, und das nehmen die anderen auch wahr. Es gibt ein Wort dafür: Phubbing. Das ist zusammengesetzt aus den Worten *phone* und *snubbing*, das bedeutet abblitzen lassen. Menschen fühlen sich zurückgewiesen, weil das Gegenüber am Smartphone ist. Wenn das einmal vorkommt, ist es nicht so problematisch. Aber wenn das dauernd passiert, verliert man vielleicht auch Freundschaften.

Sie hatten die Pandemie bereits angesprochen. Was hat denn Corona mit unserem Verhältnis zur Einsamkeit gemacht?

Jetzt wissen viel mehr Menschen, was Einsamkeit bedeutet. Corona hat sehr vielen Menschen vor Augen geführt, wie wichtig ihnen soziale Kontakte sind. Das Einsamkeitsgefühl ist während der Pandemie angestiegen und relativ lange auf einem verhältnismäßig hohen Niveau geblieben. Vor der Pandemie waren sehr alte Menschen am einsamsten. Interessanterweise waren während der Pandemie auf einmal die jüngeren Altersgruppen stärker von Einsamkeit betroffen. Das hat möglicherweise etwas damit zu tun, dass soziale Beziehungen in dieser Altersgruppe oft noch wichtiger sind als im höheren Lebensalter.

Sie meinen, die Älteren sind es gewohnt, allein zu sein?

Die Zahl der Sozialkontakte, die Menschen sich wünschen, nimmt im Laufe des Lebens etwas ab. Für Ältere sind wenige gute soziale Beziehungen deutlich wichtiger als viele Sozialkontakte.

Sind die Deutschen eigentlich besonders einsam?

Nein, das kann man nicht sagen. Es gibt Studien, die schon etwas älter sind, und einen europäischen Vergleich zeigen. Da steht Deutschland verhältnismäßig gut da. Die Einsamkeitswerte sind häufig in den Ländern etwas höher, die ein weniger gutes Sozialsystem haben oder sozioökonomisch schlechter gestellt sind.

Armut macht also einsam?

Auf individueller Ebene sieht man Zusammenhänge zwischen Einsamkeit und dem sozio-ökonomischen Status. Menschen mit niedrigem Einkommen, arbeitslose Menschen oder Menschen mit Migrationshintergrund, die oft auch weniger Einkommen zur Verfügung haben, berichten häufiger von Einsamkeit. Wenn kein Geld da ist, um sich im Café einen Kaffee kaufen oder mit den Freunden ins Kino gehen zu können, dann führt das zum einen zu einer Stigmatisierung und erschwert zum anderen die gesellschaftliche Teilhabe.

Glauben Sie, dass wir als Gesellschaft schon verstanden haben, wie problematisch Einsamkeit für uns alle ist?

Menschen mit wenig Kontakten, solche die sehr isoliert gelebt oder sich sehr einsam gefühlt haben, die wissen das. Während der Pandemie habe ich mit einer Person gesprochen, die aufgrund einer chronischen Vorerkrankung sehr wenig mit anderen im Kontakt sein durfte. Sie war sozusagen seit Beginn der Pandemie in Quarantäne. Die Person hat sehr eindrucksvoll geschildert, wie schwierig das auszuhalten ist. Die breite Bevölkerung aber weiß wahrscheinlich nicht, wie problematisch Einsamkeit ist. Für die meisten von uns ist es immer noch selbstverständlich, dass wir soziale Beziehungen so gestalten können, wie wir das möchten. Und man darf auch nicht vergessen, dass die große Mehrheit der Menschen nicht einsam ist.

Haben Sie eigentlich Angst davor, einsam zu sein oder einsam zu werden?

Nein. Aber ich glaube, ich bin auch kein besonders ängstlicher Mensch. ‹

Der beste

Freund hat Fell

Wir lieben sie, wir streicheln sie, wir erzählen ihnen von unseren Sorgen und trauern, wenn sie sterben: ein Dossier über die fast menschlichen Beziehungen zwischen Zwei- und Vierbeinern

Für den Kalender »Besser leben mit Alpakas« hat Daniel Gebhart de Koekkoek die Kamele in edlen Interieurs in Szene gesetzt und zeigt: Tiere passen perfekt in unser Leben

Was hat die denn nur geritten?

Natürlich nicht der Teufel, auch wenn er ihnen den Namen lieh: Die Devil's Horsemen sind waghalsige Reiter auf furchtlosen Pferden, die in Filmen die Stunts übernehmen

Text: Gesa **Gottschalk**

Fotos: Anastasia **Taylor-Lind**

D

Das Wychwood-Gestüt ist eine Traumfabrik, die nach Mist riecht. Hier arbeiten Menschen, die sich kopfüber aus dem Sattel hängen, und Pferde, die auf Kommando in vollem Lauf stürzen, als habe man sie unter ihrem Reiter weggeschossen. Der Hof in der englischen Grafschaft Buckinghamshire sieht aus wie eine Mischung aus Freilichtmuseum und Trödelmarkt: Alles ist echt, und nichts ist wahr.

Dies ist die Heimat der Teufelsreiter, rund 70 Kilometer nordwestlich von London. Hell klingen die Schläge eines Hammers, es stinkt nach verbranntem Horn: Der Hufschmied ist da und betreibt Pediküre mit ellenlangen Feilen.

Verwinkelt gehen Abstellkammern, Werkstätten, Wohnräume ineinander über. Aus der Lederkammer am Kopf einer Holztreppe dröhnt Rockmusik. Dort näht Daniel Naprous Zaumzeug, das ein Leben lang hält, und schneidert nach den Skizzen von Set-Designern Pferdekostüme, die es in Wirklichkeit nie gegeben hat.

Seine Schwester Camilla läuft über das Gelände des Familienbetriebs, das Handy am Ohr. Die Schweine Bubble und Squeak schieben ihre Hängebäuche über den Boden, der Terrier Bertie springt einem Hengst ins Gesicht, der seinen Kopf neugierig aus der Box hält, und Camilla Naprous telefoniert mit einem Filmproduzenten.

Seit 40 Jahren spielen die Devil's Horsemen in Ritter- und Superheldenfilmen mit, machen Werbung für Parfum oder Versicherungen. Wo immer man waghalsige Menschen braucht, die von galoppierenden Pferden springen, und perfekt trainierte Pferde, die keine Angst vor Pyrotechnik haben.

Der braune Wallach Blondie stand, an einen Pfahl gebunden, in Litauen,

bereit für den Abdecker, als die Teufelsreiter vorbeikamen. Blondie sollte Wurst werden und wurde ein Star. Er begleitete Camilla Naprous in den wichtigsten Jahren ihrer Karriere. Jetzt aber ist sein Leben zu Ende.

Als Blondie stirbt, ist Naprous auf dem Weg zu einem Filmset. Sie hat ein bisschen Zeit allein mit ihm verbracht, ihm die letzte Ehre erwiesen. Während sie ihr Auto durch Südengland lenkt, steht Blondie ein letztes Mal auf seiner Weide in Wychwood, die Sonne auf dem Fell. Immer häufiger hat er sich in letzter Zeit hingelegt, weil seine Beine ihn nicht mehr trugen.

Camilla Naprous schiebt die Unterlippe vor, eine Falte steht ihr zwischen den Brauen. „Ich würde an einem Tag wie heute gehen wollen", sagt sie. Ab morgen werde das Wetter ungemütlich, deshalb habe sie den Tierarzt gerufen: „Winter is coming." Der Winter naht.

Ausgerechnet dieser Satz beendet Blondies Leben. Ein Satz über das englische Wetter und zugleich der berühmteste Satz in „Game of Thrones", einer der erfolgreichsten Serien aller Zeiten. Die Produktion hat die Teufelsreiter groß gemacht.

Camillas Vater, Gerard Naprous, kam in den 1970er-Jahren nach England mit nichts als einem Sattel, Zaumzeug und einem Traum – so will es zumindest die Familienfolklore. Er arbeitete und sparte, erst auf zwei Pferde, dann auf ein drittes. Er trat als mittelalterlicher Lanzenreiter in einem Pub auf, gründete schließlich seine Truppe. In den 1980er-Jahren begann Gerard Naprous mit seinen Leuten in Filmen aufzutreten.

Dann, 1997, verguckte er sich in dieses Gestüt in Buckinghamshire. Heruntergekommen, ein paar Heuschober, einige Schuppen. Aber so nah an London und seinen Filmstudios wie möglich und so groß wie nötig.

Als „Game of Thrones" 2010 begann, besaß die Firma drei Pferdetransporter. Heute sind mehrere Dutzend flaschengrüne Trucks für sie unterwegs, auf den Führerhäusern die

Kopfüber im Sattel, ohne Helm und im Galopp: einer von vielen Tricks, die sich die Stuntreiter bei den Kosaken abgeschaut haben

Teufelsreiter Tom und Schimmel Zigan sind seit zehn Jahren ein Team. Nur deshalb vertraut das Pferd dem Menschen so sehr, dass es sich auf ein Zeichen hin fallen lässt

Der Franzose Gerard Naprous kam in den 1970er-Jahren nach England – mit einem Sattel und einem Traum

Namen von Gerard, Daniel, Camilla. Die Geschwister, mit zehn Jahren Abstand im Sattel groß geworden, sind zwei der sechs *horsemasters*: bei einem Dreh zuständig für alles, was mit Pferden und Reitern zu tun hat.

Camilla Naprous kann einen Hengst mühelos mit den Schenkeln lenken, eine Zigarette im Mund, das Handy in der Hand. Die 33-Jährige ist keine große Frau, aber an ihr kommt kein Pferd vorbei, wenn sie es nicht will.

Der Dreh in Nordirland hatte bereits begonnen, als man sie fragte, ob sie als *horsemaster* dieser Fantasyserie einspringen wolle, mit Kriegern, Drachen, Schattenwölfen. Und Pferden. Camilla Naprous hat die Chance ergriffen, wie sie einem steigenden Hengst in die Zügel greift.

So trabte Blondie durch die allererste Staffel von „Game of Thrones", als das Budget so klein war, dass die Komparsen sich statt Rüstungen Weidekörbe überzogen. Als Camilla Naprous 24 Jahre alt war, das Küken in jedem Meeting, und jeder Typ glaubte, er könne ihr reinreden, weil er schon mal betrunken von einem Pferd gefallen war.

Neun Jahre später sahen 19 Millionen Menschen zu, wie Blondie in der letzten Szene der letzten Staffel den Wildling Thormund Riesentod in die kahlen, verschneiten Wälder trug.

Mehrere Jahre dauert es, bis die Teufelsreiter ein Pferd ausgebildet haben. Dann setzt es sich auf Kommando hin wie ein Hund, steigt auf Signal, als wollte es durchgehen. Stürzt aus vollem Galopp – auf eine Matratze, wie ein menschlicher Stuntman. Nie mehr als dreimal am Tag, darauf legt die Chefin Wert. Oft muss es stundenlang am Set herumstehen, ohne nervös zu werden, auch das schafft längst nicht jedes Tier. „Mir ist ein klarer Kopf wichtig", sagt Camilla Naprous, „meine Pferde müssen mutig sein. Wie meine Menschen."

Manche der Pferde haben ein eigenes Stuntdouble: Ziggy etwa, der in der BBC-Serie „Krieg und Frieden" so wunderschön in Nahaufnahme gestorben ist, dass die Zuschauer ihn als den besten Nebendarsteller nominierten (und der Sender klarstellen musste, dass er die Dreharbeiten überlebt hat) – der aber für Actionszenen zu phlegmatisch war. Deshalb ist sein Kumpel Zigan für ihn herumgaloppiert und umgefallen.

Camilla Naprous trat mit acht Jahren zum ersten Mal bei einer Show auf, *roman riding*, ohne Sattel. Mit wildem Blick stand sie auf den Rücken zweier Ponys, mehr Angst vor einem Anschiss ihres Vaters als davor, herunterzufallen. Mit 14 brach sie die Schule ab, wie schon ihr Bruder Daniel vor ihr, und hatte wenig später ihren ersten Dreh in Portugal.

Sie schuftete hart, schleppte morgens früh eiskaltes Wasser in Metalleimern, ließ sich von der walisischen Stallmeisterin anbrüllen, für die Tochter des Chefs gab es keine Ausnahmen, gerade für die nicht. Keine freien Tage. Ein Ausflug zum Supermarkt war ein Höhepunkt, einen Kinobesuch musste sie sich gut überlegen.

»Meine Pferde müssen ***mutig sein****. Wie meine Menschen«*

Daniel Naprous pflegt eine innige Beziehung zu seinen Pferden: Damit sich Friesenhengst Prince so hinlegt, braucht es viel Geduld

Mit einem Pferd im Schlepptau radelt Camilla Naprous über einen Feldweg in Buckinghamshire. Das Gestüt liegt rund eine Autostunde von London entfernt, doch nah genug an den Filmstudios

Sie und Tom Cox, jetzt einer ihrer *horsemaster*, schickte Gerard Naprous als Teenager allein mit einer Truppe von County Show zu County Show, jeden Sommer. 22 Mal die Woche fielen die beiden mit Absicht vom Pferd, sechs Wochen lang. Das tut weh, auch wenn man es kann.

Hat sie Zeit, schaut Naprous ihrem Neffen Felix beim Training zu, Daniels Elfjährigem, der die Statur eines Balletttänzers hat und zerbrechlich aussieht auf Prince, dem großen Friesen, der schon „Wonder Woman" getragen hat. Charlie Barrett, Trickreiter mit dem Stockmaß und den Locken eines Hobbits und einem Abschluss in englischer Literatur, korrigiert Felix sanft und lobt ihn. „Was immer passiert", sagt er, „komm zu deinem nächsten Trick. Ich weiß, du kannst es."

In der nächsten Saison soll Felix zum ersten Mal mit den Teufelsreitern auftreten.

Noch immer ziehen sie durch Großbritannien, von Februar bis September. Das Publikum liebt das. Und die Pferde brauchen es: Wie Filmschauspieler, die zwischendurch im Theater auftreten, um die Zuschauer zu spüren. Die Tiere, sagen ihre Menschen, wissen ganz genau, ob sie einen Trick für die Kamera machen oder live. Also überfallen die Teufelsreiter als Banditen verkleidet eine Kutsche, lassen sich als Kosaken über den Boden schleifen.

Felix lernt, Prince die rechte Hacke in den Bauch zu drücken, damit er elegant die Vorderfüße setzt: Spanischer Schritt. Er lernt, auf ein rennendes Pferd aufzuspringen, denn ein Sprung kann einen Reiter aus fast jeder Situation retten. Er lernt, einen galoppierenden Hengst nur mit einer Hand zu lenken und in der anderen eine Fahne zu halten. Das fühlt sich an, als könnte er jederzeit herunterfallen. „Mut ist wie ein Muskel", sagt Charlie Barrett, „jedes Mal, wenn du etwas tust, wovor du Angst hast, trainierst du ihn."

Und Camilla Naprous fragt sich: Müsste man Felix nicht doch härter anfassen, um ihn zu schützen? „Ich würde es nicht noch einmal machen wollen", sagt sie über ihre Kindheit, „aber ich würde sie auch nicht ändern." Vom Vater reiten zu lernen, war hart. Aber Pferde sind auch hart, und Trickreiten ist gefährlich. In der Arena hält keine Longe den Friesenhengst zurück, eine halbe Tonne Muskeln, Hufe und Willenskraft. Man darf keine Fehler machen, auch als Elfjähriger nicht.

> »Das Pferd **hat uns dorthin gebracht**, wo wir sind«

Camilla Naprous vermisst es, selbst auf ein rennendes Pferd zu springen. Vor Kurzem ist ihre Achillessehne bei einer Probe gerissen, vielleicht wird sie nie wieder trickreiten können auf dem Sattel aus Büffelleder, den Daniel ihr genäht hat. Mit der Hand, wie alles, worauf man sich verlassen muss.

Verlass ist wichtig in Camilla Naprous' Welt. Und kaum jemandem vertraut sie so wie Rafael, ihrem Lieblingspferd, ihrem *baby boy*. Sie kennen sich seit 18 Jahren. Er hat ihr nie wehgetan.

Sie zweifelt nicht daran, dass Pferde beste Freunde unter den Menschen haben und mit manchen Reitern gar nicht klarkommen. Eine solche Beziehung zu einem Tier, sagt sie, gehe man nur wenige Male im Leben ein. Camilla Naprous, die so hart zu sich und anderen sein kann, die das Team umgebaut und dafür selbst alte Freunde entlassen hat, sie küsst Rafael auf die Stirn nach dem Reiten. „Ich liebe dich", gurrt sie, „du bist der Beste."

Tricks zeigt Karis McCabe Stallmädchen Colette McIntyre (rechts) zunächst mit Trampolin und Ölfass. McIntyre sah die Teufelsreiter als Kind bei einer Show

An diesem Nachmittag sitzt sie auf seinem Rücken, in Jeans, mit Basecap. Es ist geheim, wer da neben ihr mit Pudelmütze übt, möglichst elegant im Damensattel zu sitzen. Die Schauspielerin senkt den Blick auf die Zügel. „Augen geradeaus", sagt ihre Lehrerin.

Die Trainingshalle ist mit Sand und Lederresten ausgeschüttet, an der Decke hängen bunte Scheinwerfer, Lichtschläuche, Spinnweben, an den Wänden Geweihe und hölzerne Wappen, die Gerard Naprous' Fantasie entsprungen sind. Früher veranstalteten sie hier mittelalterliche Banketts und Weihnachtsshows.

Die Atemwolken kommen in Stößen aus den Nüstern der beiden Pferde, es ist wirklich kalt geworden. Eng führt Camilla Naprous Rafael neben dem Tier ihrer Schülerin, gibt leise Anweisungen. Es sieht aus wie ein intimer Tanz zu Pferd und ist harte Arbeit: Die Schauspielerin hat vor wenigen Jahren zum ersten Mal im Sattel gesessen und soll eine Monarchin mimen, die schon als Kleinkind geritten ist.

Wenn sich Schauspieler um eine Rolle bewerben, müssen sie ankreuzen, was sie können. Fechten? Reiten? Spätestens bei den Teufelsreitern kommt raus, ob sie gelogen haben. Sie geben allen Darstellern Reitstunden. Manche flehen, sobald sie auf dem Hof ankommen, um Hilfe. Andere bleiben bei ihrer Geschichte, bis sie neben einem Pferd stehen. Dann zeigt sich in dieser Illusionsfabrik, was wahr ist und was falsch. Immer.

Selbst der sture Esel Caesar lässt sich von der Chefin auf den Rücken legen

Die Teufelsreiter erschaffen Welten, die es nicht gibt, und tragen unter altmodischen Seidenhemden moderne Thermounterwäsche. Ausgerechnet ihr Gestüt ist einer der letzten Orte, an denen Pferde das tun, was sie immer getan haben: arbeiten. Tausende Jahre lang zogen sie unsere Karren, Kutschen und Kanonen, pflügten unsere Felder, lieferten Bier und Milch aus, trugen Soldaten in die Schlacht.

Binnen wenigen Jahrzehnten sind Pferde aus dem Alltag verschwunden, so schnell, dass die Menschen kaum Zeit hatten, ihr Fehlen zu bemerken oder zu bedauern. „Das Pferd hat uns dorthin gebracht, wo wir sind", sagt Camilla Naprous. Die Menschheit, meint sie.

Und die Teufelsreiter. ‹

Fotograf de Koekkoek hat seinen Models nahezu menschliche Biografien verpasst: Bruno liebt »die U-Bahn und an Hintern schnüffeln«

»Finden Sie mal einen Mann mit so weichen Ohren«

Sind Hunde und Katzen die besseren Partner und Freunde – oder was wollen wir wirklich von ihnen? Ein Gespräch mit Diplompsychologin Andrea Beetz über beleidigte Hunde, Katzen an der Leine und was wir von Tieren über Achtsamkeit lernen können

Interview: Silke **Pfersdorf**

Fotos: Daniel Gebhart **de Koekkoek**

GEO WISSEN: *Früher hatte der Hofhund Hausverbot, die Katze hielt man sich zum Mäusefangen. Inzwischen liegt das Tier selbstverständlich mit im Bett.*

ANDREA BEETZ: Ein Drittel aller Haustiere lebt in Familien, sie werden durchaus als Familienmitglieder wahrgenommen. Mein Mann nennt unseren Hund Asmo sogar scherzhaft unseren „Erstgeborenen". Und ja: 70 Prozent aller Hundebesitzer geben zu, dass ihr Tier mit im Bett schläft.

Angeschafft wird ein Tier aus höchst unterschiedlichen Gründen: Es gibt Leute, die wollen einen Hund als eine Art Sportgerät, als Buddy für Outdoor-Aktivitäten. Und auch wenn die Katze da sicher nicht so geeignet wäre, wird sie ja längst nicht mehr nur zum Mäusefangen gehalten: Die meisten Menschen wünschen sich das Haustier als Sozialpartner. Wir haben einfach gern ein Lebewesen um uns, um das wir uns kümmern können. Wenn so ein Tier satt und zufrieden dösend oder schnurrend daliegt, springt sofort das Belohnungssystem an. Das ist mit Babys nicht anders, nur dass deren Versorgung deutlich schwieriger ist. Gerade im Umgang mit Jungtieren finden sich die gleichen emotionalen Trigger wie bei Müttern mit Babys, und sofort läuft die Hormonausschüttung auf Hochtouren. Das gilt nicht nur für Hunde und Katzen: Im Labor meiner Wiener Kollegen zogen Mitarbeiterinnen Küken mit der Hand auf – und plötzlich wurden viele von ihnen schwanger.

Es gibt Studien, nach denen einige Frauen nach vielen Ehejahren lieber auf den Mann als auf den gemeinsamen Hund verzichten würden …

Langjährige Beziehungen scheinen uns immer schwerer zu fallen, und Männer sind ja bisweilen ziemlich beratungsresistent. Wenn man sich auseinandergelebt hat, kann ich mir gut vorstellen, dass eine Frau dann sagt: Emotional gibt mir mein Hund mehr als mein Mann. Und die Mensch-Tier-Beziehung hat natürlich eine besondere Qualität: Das Haustier kann nicht einfach abhauen, und wenn ich es mal anraunze, muss ich mich nicht entschuldigen – das ist bei einem Ehepartner völlig anders. Es gibt auch keine Widerworte, keinen Streit. Das hat durchaus etwas mit Macht und sozialen Normen zu tun. Andererseits ist es mir doch beim Hund oder meiner Katze eher wurscht, was die angestellt haben, während ich mich über die herumliegenden Socken meines Lebenspartners richtig ärgern kann.

*Tiere als ideale Lebenspartner*innen?*

Wenn der Partner stirbt, schaffen sich viele Menschen ein Haustier an. Ich kenne das aus meinem Bekanntenkreis, da war es eine Katze. Man muss sich nicht verabreden, um jemanden in der Nähe zu haben, die Katze ist immer da. Wenn wir lachen, wenn wir weinen. Vor einem Haustier kann man so hemmungslos heulen wie sonst nur vor einem engen Familienmitglied. Und es gibt keine guten Ratschläge. Ganz im Ernst: Körperkontakt, auch der zu Tieren, ist viel beruhigender als gut gemeinte Worte – dazu gibt es Studien. Es ist immer jemand um einen, da fühlt man sich sozial unterstützt. Dadurch reduziert sich der Stresslevel oder ist, zum Beispiel vor einer Prüfung, erst gar nicht so hoch.

*Angeblich spüren Hunde und Katzen, wie ihre Besitzer*innen drauf sind.*

Man liest immer wieder, dass ein Hund seinem traurigen Besitzer zum Beispiel tröstend übers Gesicht leckt.

»Die Hunde haben ihre Persönlichkeiten mitgebracht«, sagt der Fotograf, »wir mussten nur die passenden Outfits zusammenstellen«

Aber das ist abhängig von der Persönlichkeit des Tieres. Es gibt auch solche, die definitiv keine Tröster sind und signalisieren: Wenn du spaßig drauf bist, komme ich gern an, aber sonst ziehe ich mich lieber zurück.

Ein gewisses Verstehen ist übrigens erst im Umgang mit dem Menschen entstanden: Hunde wissen, dass wir sie nicht sehen können, wenn wir die Augen geschlossen haben, sie verstehen, wenn wir mit dem Finger auf etwas zeigen. Ein Wolf versteht weder das eine noch das andere.

Einfühlungsvermögen würde voraussetzen, dass Tiere ähnliche Emotionen entwickeln wie wir.

Hunde haben zum Beispiel ein starkes Gefühl für Ungerechtigkeiten, zeigen Versuche. Sie können freudig, wütend, aber auch beleidigt sein. Sie haben ähnliche Hirnstrukturen, ähnliche Mechanismen innerhalb ihrer Reaktionen. In der genetischen Nähe liegt übrigens auch der Grund, weshalb uns Hunde, aber genauso Katzen und Pferde etwa mehr berühren als die meisten anderen Tiere. Dadurch schreiben wir ihnen natürlich mehr Gedanken und Gefühle zu, als sie tatsächlich haben. Wir vermenschlichen sie. Dabei können wir sie nicht genau lesen, und es ist keineswegs in Ordnung, dass man seinem Hund aus falsch verstandener Tierliebe Kleider anzieht. Da wird seine Würde verletzt, oft wird er auch gemobbt, weil andere Hunde das irritierend finden.

Die meisten Menschen sind ganz wild darauf, ein weiches Fell zu streicheln.

Wir Menschen haben „Skin Hunger", sind hungrig nach Haut. Wir suchen und brauchen Körperkontakt. Der ist mit Felltieren herrlich unbeschwert. Ein Manager, eine Managerin, die tagsüber Verantwortung für Hunderte Mitarbeiter*innen und Millionenbeträge haben, können abends auf dem Teppich völlig losgelassen mit ihrem Welpen herumkullern. Diese Unbeschwertheit, dieses Kindliche haben wir sonst am ehesten noch, wenn wir ver-

Mit den Katzen für »Jumping Cats« hat de Koekkoek Monate verbracht, bevor sie ihm genug vertrauten

liebt sind. Und der Kontakt hat seine ganz eigene Qualität: Finden Sie mal einen Mann mit so weichen Ohren! Sind Sie mit einem Hund unterwegs, hören Sie häufig die eine Frage: Oh, darf ich den mal streicheln? Bei einer Hauskatze ist das ähnlich, nur dass sie selten an der Leine herumgeführt wird – passiert je nach Rasse aber auch. Und Katzen suchen sich selbst aus, wer sie berühren darf.

Können wir von Hund und Katze etwas lernen?

Wir Menschen sind arg verkopft, auch im Zusammenleben. Abends besprechen wir mit dem Partner all den Käse, den wir bei der Arbeit erlebt haben. Einem Hund oder einer Katze ist das schnurz, die kommen an und wollen spielen, sind völlig im Moment. Wir Psychologen veranstalten teure Seminare zu achtsamkeitsbasierten Therapien, und ein Hund lebt uns das, was wir da lernen können, einfach vor: Jetzt. Und Tiere zeigen einem durchaus, dass daraus eine Zufriedenheit entstehen kann: Ich habe zu fressen, kann atmen, mir geht es gut. Auch von ihrer Sicht aufs Leben können wir uns etwas abgucken: Mein Hund Asmo etwa lebt seit Jahren mit einem schweren Herzfehler, aber er genießt das Leben ganz offensichtlich trotzdem. Wir können uns mit Defekten oder Sorgen ebenfalls jeden Tag neu entscheiden: Wollen wir jetzt ständig leiden, oder wollen wir das Leben genießen?

Tiere werden ja auch in der Therapie eingesetzt.

Das Schnurren einer Katze kann angstlösend wirken, es unterliegt einem bestimmten, beruhigenden Rhythmus, dem sich unser Herzschlag anpasst. Die Tiere schnurren nur, wenn sie sich wohlfühlen, meist bei Körperkontakt. Zudem wirken sie mit ihrem geschmeidigen Gang, ihren gleitenden Bewegungen und natürlich ihrem weichen Fell einfach beruhigend – deshalb besuchen die Menschen ja auch schon mal Katzencafés. Allerdings sind Katzen in der Therapie längst nicht so kooperativ wie Hunde, sie gehorchen nicht aufs Wort. Hunde werden übrigens auch eingesetzt, wenn Kinder nach schweren erlittenen Straftaten wie Missbrauch und Misshandlung vernommen werden. Sie können helfen, Empathie zu empfinden, lehren uns mehr Respekt vor der Natur. Ansonsten sind vor allem Hunde ein sozialer Katalysator.

Was kann man sich darunter vorstellen?

Man wird eher gegrüßt, wenn man einen Hund dabeihat, man hat gleich ein Thema, über das man reden kann. Oder im Seniorenheim – da läuft es ja stimmungsmäßig nicht ab wie bei den „Golden Girls“, sondern die Alten sitzen oft lange stumm und sprachlos nebeneinander. Schauen Sie mit einem Hund dort vorbei, reden sie plötzlich miteinander, auch über Erlebnisse, die sie früher mit Tieren hatten, und es wird viel mehr gelächelt.

»Eine Katze **kommt und geht**, *wie sie möchte«*

Klingt so, als müssten Hunde oder Katzen auf Rezept verschrieben werden.

Nun ja, Hunde und Katzen kosten Geld und machen auch Arbeit, mit Hunden muss man mehrmals täglich rausgehen, bei jedem Wetter. Da kann ein Tier schon mal zum Stressor werden, vor allem wenn man ein schlechtes Gewissen hat, weil man eben nicht genügend Zeit aufbringt. Hund oder Katze sind kein Allheilmittel, schon gar nicht gegen Traumata. Ein misshandeltes Kind wird ein ihm anvertrautes Tier nicht unbedingt mit Liebe überschütten, es kann sogar das Gegenteil passieren: dass sich alte, ungünstige Beziehungsmuster etablieren. Manchmal entspannt sich eine familiäre Problematik aber auch deutlich, wenn ein Tier ins Haus kommt. Das liegt vielleicht daran, dass man einander noch mal anders wahrnimmt im Kontakt mit dem Tier.

Gibt es eigentlich typische Hunde- und typische Katzenmenschen?

Katzenfans bewundern oft die Unabhängigkeit ihres Tiers. Das hört man von Hundebesitzern nicht. Bei Katzen ist man mehr auf die Signale des Tiers angewiesen, da läuft Kommunikation nicht so sehr in beide Richtungen. Aber meistens wird die Entscheidung für das eine oder andere Tier am Lebensstil festgemacht. Mit einem Hund ist man angebundener als mit einer Katze. Mit einer Katze, die nach draußen gehen kann, ist das anders. Eine Katze kommt und geht, wie sie möchte. ‹

Ziemlich flauschige Freunde

Wem Esel zu bockig, Hunde zu brav und Menschen zu redselig sind, der landet bald bei* Lamas als Wandergesellen*. Anja Rützel ist probeweise mit einem Exemplar losgetrottet – und verliebt-ernüchtert zurückgekehrt

Text: Anja **Rützel**

Fotos: Kristin **Bethge**

Wenn Sir Henry unglücklich ist, klingt er wie eine Mischung aus quietschender Tür und gruselig quengelndem Horrorfilm-Kleinkind. „Nnnnmmmhhheeeennnnnmmmhhhm“, so ungefähr, leidend und lang gezogen nölt das kleine, mausbraune Alpaka seine Missstimmung in die Welt. Und Sir Henry jammert immer dann, wenn Helmut und ich uns zu weit von unserer kleinen Wandergruppe entfernen.

Helmut ist das Lama, mit dem ich wandern und auf dessen Weide ich übernachten werde, er ist beige mit karamellfarbenen Sprenkeln und flusig gesäumten Ohren, und ich habe dringend vor, mich mit ihm anzufreunden. Weil aber Helmut und Sir Henry bereits Freunde sind und Lamas und Alpakas obendrein Herdentiere, die nicht gern ohne Artgenosse sind, nicht einmal für zehn Minuten, wird das Alpaka jedes Mal unruhig, wenn ich mich mit Helmut zurückfallen lasse oder für ein kleines Stück mit ihm in den Wald einschere, um parallel zum groben Schotterwanderweg auf weichem Moos und durch hohes, ätherisch-wolkiges Kraut zu gehen – kleine Extratouren, damit Helmut sich besser an mich gewöhnen kann, ohne Ablenkung von Sir Henry, von Marlén Reißauer, ihrer Besitzerin, und von Rose, der Tiermedizinstudentin, die gerade ein Praktikum bei Marlén macht. Also muss ich diese kleinen Ausbüchsereien sorgfältig dosieren, man will ja bei neuen Bekanntschaften nicht trampelig über schon bestehende Sozialstrukturen hinwegwalzen. Helmut leidet dabei augenscheinlich weit weniger unter Trennungsangst, er scheint einen größeren Toleranzradius zu haben, bevor er seinen Freund vermisst und seinerseits in Quengel-Singsang fällt.

Wir wandern in Brandenburg, im Tiefland des Flusses Schwarze Elster.

Beste Freunde: Alpaka Sir Henry (r.) begleitet Lama Helmut und Autorin Anja beim Wandern

Wer bist denn du? *Homo sapiens* und Kamelartige nehmen vorsichtig Erstkontakt auf

Helmut akzeptiert ein Stück Gemüse von seiner neuen Wanderbekanntschaft. Anfassen darf sie ihn aber nicht

Eineinhalb Stunden Zugfahrt entfernt von Berlin haben mich Marlén und Rose, Helmut und Sir Henry am Bahnhof von Herzberg empfangen, dann ging es mit Auto und Tieranhänger ein Stück in Richtung Wald, um Straßenstrecke zu sparen.

Marlén betreibt – zusammen mit ihrem Mann Mathias – in Hohenbucko, 15 Kilometer von Herzberg entfernt, den Hof „Alpaca Island", der so heißt, weil die Lamas, die dort wohnen, gegenüber ihren ungefähr 100 Alpaka-Kameraden deutlich in der Unterzahl sind, und eher zufällig dort angeschwemmte Flauschmasse: Helmut und sein fast identisch aussehender Bruder Mathias (die Namensgleichheit mit dem menschlichen Besitzer, stelle ich mir vor, bietet reichlich Stoff für eine quatschige Komödie) lebten im Cottbuser Zoo und waren irgendwann überflüssig, weil zu viel niedlicher Lama-Nachwuchs auf die Welt kam.

Mit einem Lama auf Wanderschaft zu gehen, mag mindestens mild exzentrisch erscheinen, für mich ist diese Idee aber komplett plausibel: Weil ich mich eher für Tiere als für die meisten Menschen begeistern kann, und weil ich mir vorstelle, dass die erholsame Wanderwirkung noch potenziert wird, wenn man dabei nicht mit seinen menschlichen Marschkollegen plaudert, sondern sich nur ab und zu von einem weitgehend schallgedämpften Tier anschnauben lässt. Alpakas und Lamas finde ich dabei als Begleitwesen besonders interessant, weil ich sie bei aller optisch sehr zugänglichen Putzigkeit immer noch als fremd empfinde, im Gegensatz zu Hunden und Katzen, die so eng am Menschen leben, dass sie uns längst hochvertraut sind.

Seit ich Donna J. Haraways Buch „When Species Meet" gelesen habe, schaue ich anders auf Begegnungen mit Tieren, von deren Wesen ich nur eine vage Ahnung habe, von denen ich nicht weiß, wie ich sie heranlocken kann, an welchen Stellen sie gern gekrault werden wollen und ob sie überhaupt daran interessiert sind, mich näher kennenzulernen. Was nämlich bei einem solchen Treffen herauskommt, ist immer unsicher, schreibt Haraway: „Dabei steht viel auf dem Spiel, es gibt kein garantiertes Happy End."

Als wir dann losgehen, bin ich entsprechend aufgeregt und muss schnell zwei Schwierigkeiten erkennen. Erstes Problem: Ich muss meinen Anfassdrang zügeln, das schmerzt. Zu gern würde ich Helmut, der überraschend bereitwillig und mit lockerem Führstrick neben mir herzuckelt, zwischendurch

»Auch beim Lama-Wandern steht viel auf dem Spiel, es gibt kein garantiertes **Happy End***«*

Lamas wie Helmut sind auch in der Dämmerung leicht an ihren gekrümmten Bananenohren zu erkennen. Das Alpaka daneben macht sich gerade

Wo Lama und Lama Gute Nacht sagen: Reglos im Bett liegen ist eine gute Strategie, um den scheuen Fluchttieren nahe zu kommen

ein bisschen streicheln, aber die meisten Lamas und Alpakas mögen es nicht, wenn man sie anfasst. Es ist eines der tragischsten Missverständnisse der Mensch-Tier-Diplomatie, weil diese Tiere nun einmal aussehen, als habe man sie eigens zum Zweck des Begrabbeltwerdens mit feinstem Badvorleger-Frottee überzogen. Zweites Problem: Helmut und ich müssen erst einen gemeinsamen Tritt finden. Das ist gar nicht so einfach, weil Lamas eine ganz eigene Gangart haben, halb schlendernd, halb trippelnd. Es sind kürzere und für mich ungewohnte Schritte, Mathias (der Mensch) wird sie später so beschreiben: „114 Schritte pro Minute ist Marschtempo, 80 ist Beerdigungsmarsch, und 90 ist Lamatempo." Dazu kommt, dass die Tiere eher voranschaukeln als -schreiten, so ein Lamaschritt wiegt sich durch den ganzen Körper, bevor er nach vorne geht. Oder, kurz gesagt: Helmut eiert.

»Wir haben uns **aufeinander eingelassen,** *obwohl wir einander so fremd sind«*

Ich versuche, mich an den Lama-Umgangskurs zu erinnern, den ich vor einigen Jahren in England gemacht habe, rein privat, interessehalber. Die Kursleiterin hielt sich selbst für ein wiedergeborenes Lama, schien mir also kompetent. „Camelidynamics" heißt das Konzept, und was wie ein neumodischer Fitnesstrend klingt, will einem aber tatsächlich beibringen, wie man kamelverwandte Tiere richtig behandelt, ohne die eigentlich scheuen Fluchttiere zu verschrecken. Also eben kein Wrestlergriff um den Alpaka- oder Lamahals, sondern diskrete Lenkung (ich erinnere mich an meinen desolaten Versuch, ein ausgesprochen unkooperatives Alpaka durch einen Hindernisparcours zu führen).

Im direkten Vergleich ist Helmut deutlich leinengängiger, allerdings ist auch er schwer wieder in Gang zu bekommen, wenn er erst einmal beschlossen hat, lieber ein bisschen zu stehen als zu gehen.

Ich nutze diese Pausen, um in die Landschaft zu gucken: Lichter Nadelwald, dann Übergang ins Laub, immer wieder kleine Lichtungen – aufregendere Naturschönheit wäre reine Verschwendung, mein Fokus liegt eh anderswo. Wenn Helmut nach einem unserer Stopps ein bisschen bockt, wende ich das bröckelige Wissen an, das mir aus dem Kurs geblieben ist, zum Beispiel den Geheimtipp der Lamalehrkraft: Wenn das Tier nicht mehr weitergeht, einfach 30 Sekunden warten – meistens wird es ihm dann zu fade, und es läuft von allein weiter. Wenn das nichts hilft, probiere ich an Helmut den damals eingeübten, sanften Wechsel aus Zug und Entspannung aus: Ich gebe einen kurzen, leichten Impuls mit der Leine, dann lasse ich sofort wieder locker, und immer so weiter. Als wollte ich beim Angeln einen besonders kloppsigen Fisch einholen, zumindest stelle ich mir Angeln so vor.

Nach vier Stunden muss ich nicht mehr nachdenken, was ich da tue. Ich wandere mit Helmut, und es fühlt sich komplett selbstverständlich an. Wir haben einen guten gemeinsamen

Rhythmus: Wenn ich kurz krampfe, wird auch er zögerlich, wenn ich locker bin, bleibt er in flüssigem Tritt.

Marlén hat mir einen Beutel mit Möhrenscheiben gegeben, mit denen ich Helmut sehr leicht bei Laune halten kann, wenn er, all meinen filigranen Führungstechniken zum Trotz, einmal wirklich nicht weitergehen will. Er nimmt die Scheiben mit ulkig gestülptem Lippenschnütchen von meiner Hand, sehr vorsichtig ist er dabei.

Nach 12 Kilometer Schaukelgang, die sich wie 20 anfühlen, kommen wir auf Helmuts Heimathof an: Alpaca Island besteht aus mehreren Häusern und einem Koppelsystem, das die Stuten von den Hengsten trennt, dabei aber so offen gestaltet ist, dass einem, egal wo man sich aufhält, immer wieder überraschend ein Alpaka entgegenspaziert. Für mich steht ein weißer Schlafwürfel aus festem, weißem Zeltstoff bereit, direkt auf der Weide: Darin befindet sich ein Bett, ein LED-Lämpchen und an den Seiten große Fensterflächen, von denen man nicht genau weiß, ob sie vor allem dazu dienen sollen, dass ich rausschauen kann, oder damit die Lamas reinschauen können. Helmut hat sich erst einmal zurückgezogen, er steht am anderen Ende der Weide, manchmal schaut er her zu mir, glaube ich. Sein Bruder Mathias, deutlich zutraulicher, besucht mich an meinem Würfel und stupst sachte an mein Ohr, um die Karottenausgabe zu beschleunigen. Durch mein Fenster sehe ich Helmut, wie Helmut sich in einer Sandkuhle wälzt. Ob er dabei noch mein Halftergeruckel fühlt? Wir sind keine Disneyfiguren, darum kommt er nicht mehr vorbei, um sich einen Ohrenkrauler abzuholen. Aber es gibt ganz zweifellos etwas, das uns verbindet: Wir haben uns aufeinander eingelassen, obwohl wir einander so fremd sind, wie sich zwei Wesen nur sein können.

In der letzten halben Stunde, die wir am nächsten Tag miteinander haben, büxt mir Helmut kurz aus. Wir sind unterwegs im Wald, ich halte seine Führungsleine etwas zu locker, ein bisschen zu sicher bin ich mir unseres in Wahrheit eben doch noch nicht so stabilen Bandes. Gerade hat Mathias (der Mensch) mir noch ein paar Wolfsspuren in der feuchten Erde gezeigt, schon wird Helmut nervös, reißt den Kopf hoch, das Seil rutscht aus meiner Hand, und das eben noch eiernde Lama, plötzlich überraschend agil, trabt davon. Ich bin geschockt, und ein bisschen gekränkt. Rose, die Tiermedizinstudentin, bekommt Helmut nach ein paar bangen Minuten schließlich wieder zu fassen. Wie Donna J. Haraway eben schreibt: Es gibt keine Garantie auf ein Happy End. Und keines auf zementfest stabile Freundschaft, wenn man sich gerade mal zwei Tage kennt.

Zurück auf dem Hof, verabschiede ich mich von Helmut, er pustet sanft gegen meine Hand – alles wieder gut. Sein Schritt schwingt noch nach, als ich wieder im Zug sitze. Und ich weiß: Mein Fast-Freund Helmut und ich, wir werden wieder wandern. ‹

Entfernte Verwandte

Ein, zwei oder gar kein Höcker:
Was Schwielenfüßer trennt und verbindet

Lamas
Die häuslichen Verwandten der wild lebenden Guanakos *(Lama guanicoe)*, stammen wie Alpakas aus Südamerika und werden deshalb Neuweltkameliden genannt. Und, ja, die bis zu 150 Kilogramm schweren Tiere spucken tatsächlich, und zwar eine üble Mischung aus Magensaft und Speisebrei.

Alpakas *(Vicugna pacos)*
sind die Teddybären unter den Kamelen: Die domestizierte Form der wilden Vikunjas sind kleiner (55–65 kg), flauschiger und dichter bewollt als Lamas. Genau deshalb werden sie meist gezüchtet: Ihre Wolle ist wärmer, weicher und fettärmer als Schafwolle.

Kamele
sind die entfernten Verwandten von Lama, Alpaka und Co: Als sogenannte Altweltkameliden leben sie in Afrika und Asien, setzen dort bis zu 700 Kilo an und werden als Lasttiere eingesetzt. Apropos Last: Kamele tragen einen (Dromedar) respektive zwei Höcker (Trampeltier) mit sich herum, was sie eindeutig von ihrer höckerlosen Neuweltverwandtschaft unterscheidet.

»Es ist unmoralisch, Haustiere zu halten«

Gary Francione und Anna Charlton sind unerbittlich in ihren Ansichten: Sie vergleichen* Haushunde mit Sklaven *– und fordern radikalen Schutz für alle Tiere. Ein kämpferisches Interview

Interview: Michaela **Haas**

Fotos: Brian **Finke**

GEO WISSEN: *Sie haben sechs Hunde, aber Sie fordern, Menschen sollten keine Hunde halten. Wie passt das zusammen?*

GARY L. FRANCIONE *(zieht einen Mischling auf seinen Schoß)*: Das ist Duncan. Jemand hat ihm den Kiefer gebrochen, sein Maul zugeklebt und ihn langsam verhungern lassen. Als er gefunden wurde, war er fast tot. Alle unsere Hunde stammen aus dem Tierheim.

ANNA E. CHARLTON: Wir sind Experten darin geworden, misshandelte Hunde aufzupäppeln.

GF: Wir mögen Hunde gern, aber wir sind gegen Hundehaltung, weil es falsch ist, Tiere zu domestizieren. Allerdings gibt es nun einmal Milliarden von ihnen, und Millionen von ihnen werden jedes Jahr umgebracht. Also ist es unsere moralische Pflicht, uns um sie zu kümmern.

Selbst wenn ich meine Hunde gut behandle, halten Sie Hundehaltung für unmoralisch?

AC: Wenn sie aus einem Tierheim gerettet wurden, ist es, wie Flüchtlinge aufzunehmen. Aber es gibt keinen Grund, Hunde zu unserer Unterhaltung oder als Gefährten zu züchten. Jedes Jahr werden allein in Amerika Millionen Hunde und Katzen umgebracht.

Aber Sie wenden sich ja nicht nur gegen diese Grausamkeit, sondern sprechen Menschen grundsätzlich das Recht ab, ein Tier zu halten.

GF: Tiere sollten kein Eigentum sein; niemand sollte sie besitzen. Vor dem Gesetz gelten sie als „Sache“. Wenn mir ein Hund zu viel wird, kann mich niemand hindern, ihn einschläfern zu lassen. Weil er mein Eigentum ist, könnte ich ihm null Wert zusprechen und ihn töten.

Ihre eigenen Tierheimhunde vergleicht Anna Charlton mit Flüchtlingen

In Deutschland ist es illegal, einen gesunden Hund zu töten.

GF: In Deutschland könnte ich ihn in ein Tierheim bringen. Aber die Leute werden das moralische Problem mit der Haustierhaltung nie verstehen, solange sie Tiere essen und damit an der Ausbeutung von Tieren teilhaben.

Sie leben vegan. Erinnern Sie sich daran, wann Sie zuletzt ein Steak oder Käse gegessen haben?

GF: Ich liebe Eiscreme, und vermutlich war es das letzte Milchprodukt, das ich 1982 gegessen habe. Damals dachte ich nicht, dass ein veganer Lebensstil gesund sei. Ich habe mich

Gary L. Francione und seine Frau Anna E. Charlton sind die Gründer der Abolitionismus-Bewegung für Tiere

dazu entschlossen, weil ich es für moralisch richtig hielt, und die Gesundheit meiner Seele war mir wichtiger als die meines Körpers. Wir leben nun seit 35 Jahren vegan, und ich habe die Energie eines 25-Jährigen. Aber ständig höre ich: Woher bekommst du denn dein Protein? Fühlst du dich nicht schwach?

Sie würden auch keine Eier essen, die frei laufende Hühner auf dem Familienhof gelegt haben?

GF: Nein. Denn Tiere und ihre Nachkommen sind nicht zum Essen da.

»**Blindenhunde** haben kein glückliches, sondern ein schreckliches Leben«

Hühner mögen es nicht, wenn man ihnen die Eier wegnimmt. Und sie werden gezüchtet, um wesentlich mehr Eier zu legen, als sie es natürlicherweise täten.

Aber die meisten Eier werden ohnehin nicht auf idyllischen Höfen produziert, sondern in schrecklichen Legebatterien. Ich verstehe nicht, wie sich Leute Tierfreunde nennen, aber dann essen sie Eier, Bio-Schinken oder trinken „Ahimsa"-Milch, also „gewaltfreie" Milch. Das ist in meinen Augen kompletter Unsinn!

Aristoteles sagte, Tiere existieren, um Menschen zu dienen. Christen können anführen, dass Jesus selbst den Fischern geholfen hat, Fische zu fangen. Fast alle Weltreligionen gestehen den Menschen das Recht zu, über Tiere zu bestimmen.

GF: In der Bibel steht auch, dass Ehebrecher gesteinigt werden sollen. Gerade das Alte Testament ist ein sehr grausames Buch. Aristoteles glaubte, dass Tiere zum Nutzen des Menschen existieren, weil sie nicht vernunftbegabt seien. Nun, Aristoteles glaubte auch nicht, dass Frauen und Sklaven vernunftbegabt sind!

Und was ist mit Rechten für Bakterien? Die sind auch Lebewesen.

GF: Natürlich gibt es Unterschiede. Ein Schimpanse unterscheidet sich von einem Hund. Aber: Beide sind Lebewesen, und wir sollten sie nicht als Ressourcen benutzen. Ich behaupte nicht, dass Menschen und Tiere den gleichen moralischen Wert haben. Ich spreche nur über ein einziges Recht: das Recht, kein Eigentum zu sein. Sobald man dieses eine Recht anerkennt, muss man alle institutionelle Ausbeutung von Tieren abschaffen. Und Bakterien sind keine fühlenden Wesen. Ich weiß nicht, ob Mollusken Gefühle haben. Manche Studien weisen darauf hin, andere nicht. Also esse ich sie nicht. Ich weiß auch nicht, ob Insekten Gefühle haben, aber sicherheitshalber laufe ich nicht über Gras, damit ich sie nicht versehentlich zertrete. Ich versuche, nicht Auto zu fahren, wenn es regnet, weil dann bei uns viele Frösche auf den Straßen sitzen und es fast unmöglich ist, sie nicht zu überfahren. Ich weiß aber mit Sicherheit, dass die Tiere, die wir am meisten ausbeuten, fühlende Wesen sind: Kühe, Schweine, Hühner, Fische, Hummer.

»Ich gehe nicht in Restaurants und **schreie Leute an**, *die ein Steak essen«*

Mir ist auf Ihrer Website eine Grußformel der Jainas aufgefallen, Anhänger der altindischen Religion, die sich für Gewaltlosigkeit und Tierschutz einsetzt. Fühlen Sie sich den Jainas nahe?

GF: Ja, ich glaube, dass Gewaltlosigkeit das höchste moralische Prinzip ist.

AC: Philosophen wie Pythagoras oder Empedokles sprachen sich gegen das Töten von Tieren aus. Aber viele dieser Denker sind in Vergessenheit geraten, weil die Leute einfach Fleisch essen wollen. Das passiert uns ständig: Wir reden über dieses Thema, und die Leute sagen: Oh, erzähl mir das nicht, sonst schmeckt mir das Abendessen nicht mehr. Genau! Wenn wir uns klarmachen, was da auf unserem Teller liegt, dann schmeckt's nicht mehr. Ich bin Optimistin. Die Gesellschaft spricht sich gegen Ungerechtigkeit aus, die aufgrund von Rasse, Geschlecht, Religion geschieht. Tiere sind die nächste große Gruppe, auf die sich der Fokus richten wird.

Sie können Menschen ja nicht verbieten, Fleisch zu essen. Sie müssen sie überzeugen. Glauben Sie wirklich, dass Sie das erreichen, wenn Sie den Verzehr von Fleisch mit Foltermethoden wie Waterboarding gleichsetzen?

GF: Ich existiere, um zu provozieren. Ein paar Fakten: Die Produktion von einem Kilogramm tierischem Eiweiß verbraucht hundertmal mehr Wasser als die Produktion von einem Kilo Pflanzenprotein. Die Tierindustrie in Amerika verfüttert siebenmal so viel Getreide, wie alle Amerikaner zusammen konsumieren. Mit diesem Getreide könnten wir allein in Amerika 840 Millionen Menschen ernähren. Wir müssen dringend die wachsende Weltbevölkerung füttern. Auch ökologisch ist die Tierindustrie ein Desaster. Wer etwas gegen die Klimaerwärmung unternehmen möchte, muss sich vegan ernähren. Wer Tiere liebt, muss vegan leben. Wer Menschen liebt, muss vegan leben.

Gibt es einen Einsatz von Tieren, den Sie nicht verurteilen? Darf ich mein Pferd, das ich gut behandle, gelegentlich vor eine Kutsche spannen?

GF: Nein, ich bin gegen den Einsatz von domestizierten Tieren. Ich glaube auch nicht, dass Blindenhunde für Blinde ausgebildet werden sollen. Wir müssen mehr Ressourcen für Behinderte entwickeln, neue Technologien, etwa selbstfahrende Autos, dann brauchen sie keine Servicetiere mehr.

Viele Blindenhunde lieben ihre Aufgabe und ermöglichen ihren Besitzern ein unabhängiges Leben.

GF: Ich weiß, wie diese Hunde ausgebildet werden.

Ich auch.

GF: Die haben kein glückliches, sondern ein schreckliches Leben. Sie müssen Lärm aushalten, immer im Einsatz sein, sie dürfen keine Hunde mehr sein, sondern müssen immer für ihren Menschen da sein.

Anna Charlton lehnt es ab, »Hunde als Gefährten zu züchten«

Tiere, sagt Gary Francione, hätten nicht denselben moralischen Wert wie Menschen – »aber sie haben das Recht, kein Eigentum zu sein«

Falsch, sie sind nicht rund um die Uhr im Einsatz, sie werden im Umgang mit den verschiedenen Situationen geschult und darauf vorbereitet, auch bei Straßenlärm ruhig zu bleiben.

GF: Es sollte keine Blindenhunde, keine Spürhunde und keine zugerittenen Pferde geben. Sie leiden schrecklich, wenn sie zugeritten werden.

Sie untergraben Ihre Position, wenn Sie immer den schlimmsten möglichen Fall heranziehen. Es gibt schlechte Trainer und gute. Daraus folgt für mich, dass wir mehr Information und eine bessere Ausbildung brauchen. Und nicht, dass jedes Training unmoralisch ist.

GF: Ich zwinge niemanden, meine Position zu akzeptieren. Ich verbringe nicht meine Zeit damit, gegen Blindenhunde zu protestieren. Ich gehe auch nicht in Restaurants und schreie die Leute an, die gerade ein Steak essen, sie seien Nazis, wie das manche Tierschützer machen.

Aber wenn Sie Tierhaltung mit Sklaverei vergleichen und sich sogar dagegen aussprechen, dass ein Blinder einen Blindenhund trainiert, plädieren Sie dann nicht nur dafür, die Sklaverei abzuschaffen, sondern – um im Bild zu bleiben – auch dagegen, eine schwarze Haushälterin einzustellen?

GF: Nein. Denn ein erwachsener Mensch kann der Arbeit zustimmen oder nicht, ein Hund aber kann das nicht. Man kann das alles sehr kompliziert machen oder ganz einfach sehen: Du musst Veganer werden, das ist alles. Wir müssen jedes Quäntchen Energie, jede Gehirnzelle, jeden Cent in die Verbreitung von Veganismus stecken. Die Leute sagen, das sei nicht praktikabel. Dabei ist es das Einzige, das funktioniert. ‹

GEO

- 5 x GEO WISSEN portofrei nach Hause
- Inkl. 1 x GEO WISSEN ERNÄHRUNG
- Danach jederzeit kündbar
- Bildungsrabatt
  > Studierende sparen 40 %

Buch „Der lange Atem der Bäume“

- Das neue Buch von Peter Wohlleben
- Zum Staunen, faszinierend, dabei aber gleichzeitig scharf und kritisch
- Gebunden, rund 256 Seiten

Ohne Zuzahlung

Rucksack „Top“

- Geradliniger Toplader-Rucksack
- Einsteckfächer außen und innen
- Maße: ca. 27 x 40 x 13 cm

Zuzahlung: nur 1,– €

www.geo-wissen.de/abo | +49 (0) 40 / 55 55 89 90

Bitte Bestell-Nr. angeben: selbst lesen **183 3765** / verschenken **183 3766** / Studierende (selbst lesen mit 40 % Rabatt, ohne Prämie) **183 3767**

DNSI

In der Pubertät hätte sich Suleika Bauer mehr Anerkennung von Mutter Ute Krebs gewünscht. Heute haben sie eine innige Beziehung

Mensch, *Mama!*

Mit ihrem Lächeln, ihrer Zuwendung und Aufmerksamkeit gibt sie uns das Gefühl, dass wir wertvoll sind. Doch keine Mutter kann grenzenlos lieben. **Wie man sich von einem Ideal befreit**

Text: Silia **Wiebe**

Fotos: Anne **Moldenhauer**

Luisa hat alles, wovon viele junge Frauen träumen. Sie wird bewundert und gefeiert, sie hat eine eigene Firma, sie jettet für ihren Job als Influencerin unter dem Künstlernamen Luísa Lión durch die Welt und verdient längst mehr als ihre Akademiker-Eltern zusammen. Aber es dauerte, bis sie das alles genießen konnte. Bis sie sich nicht irgendwie oberflächlich dabei vorkam, materialistisch, unkultiviert. Sie war erfolgreich – aber falsch.

Das lag: an ihrer Mutter.

Nein, nein, keine böse Stiefmutter, die ihr das nicht gönnte, die ihre Tochter kleinhalten wollte, um selbst umso mehr zu glänzen.

Luisas Mutter ist sympathisch, humorvoll, sie hat mit Luisa und deren Brüdern viel Zeit verbracht, sie macht Yoga, Luisa nennt sie „Hippie-Mama" und liebt sie von ganzem Herzen. Sie ist sogar wahnsinnig stolz auf diese Mutter.

Gerade das ist das Problem. Sie liebt sie, aber das, was sie selbst lebt, ist ganz anders als das, was die Mutter vorgelebt hat. Und deshalb hat sie einen Konflikt mit sich selbst. Sie will ihrer Mutter gefallen. Und gleichzeitig ihr Leben so leben, wie es ihr gefällt. Dass das so schlecht zusammenpasst, ist eine Belastungsprobe. Für beide.

Vor ein paar Jahren kam es zu einer heiklen Situation. Luisas Freund plante, sie mit einem Heiratsantrag zu überraschen, und weihte ihre Eltern ein. Während eines Konzerts, zu dem er und Luisa ihr gesamtes Blogger-Netzwerk eingeladen hatten, wollte er vor ihr auf die Knie sinken, sie bitten, seine Frau zu werden. Luisas Eltern betrachteten das Geschehen mit einer Mischung aus Rührung und Verwunderung.

Vor allem, dass Luisa das Handyvideo von dem Antrag auf Instagram postete, irritierte ihre Mutter. So viel Öffentlichkeit ist ihr einfach zutiefst suspekt, das weiß Luisa genau. Ihre Mutter, eine Kinder- und

Jugendtherapeutin, versteht bis heute nicht, warum man Überlegungen, sich die Brüste verkleinern zu lassen, die überstandene Bulimie oder die Anschaffung der neuen Schlafzimmerlampe dem anonymen Internet anvertraut, statt die beste Freundin anzurufen.

Für eine Therapeutin ist Vertraulichkeit das höchste Gebot. Und Luisa wusste umgekehrt nicht, wie sie ihrer Mama erklären sollte, dass ständiger Content auf Social-Media-Kanälen das A und O ist, um Werbepartner zu gewinnen. „Weißt du nicht, dass du damit den Konsum befeuerst?", fragte ihre Mutter einmal. Luisa antwortete: „Ich liebe Konsum."

Ein Satz wie eine Kriegserklärung. Dabei wünscht sie sich wie jedes Kind nichts mehr, als dass ihre Mutter stolz auf sie ist. Dass sie eine starke Beziehung zur wichtigsten Frau in ihrem Leben führen kann, frei von Dominanzgebaren und Unterwerfung, von Rechthaberei und Kontrolle, eine Beziehung, in der jede bekommt, was sie braucht: an erster Stelle Anerkennung. Das Gefühl, du bist okay so, wie du bist. Selbst wenn wir die Welt mit völlig anderen Augen sehen. Hedonismus hin, Konsumkritik her.

Eine wahnsinnige Herausforderung für Eltern. Loslassen. Vertrauen. Cool bleiben und wohlwollend nicken, auch wenn sie nichts kapieren. Aushalten, dass sie die Situation nicht im Griff – und die Jüngeren womöglich recht haben mit ihrer Sicht der Dinge.

Überraschenderweise fällt das ausgerechnet manchen Vätern leichter als den Müttern. Sie sehen in der Andersartigkeit ihrer Töchter und Söhne ein Zeichen von Selbstständigkeit und Stärke, so das Ergebnis von Familienstudien aus den USA. Bei Müttern ist das oft anders. Es hat mit ihrer eigenen Geschichte zu tun. Mit falschen Vorstellungen. Zum Beispiel dieser: Kinder sind Fortsetzungen ihrer Mütter. Das Projekt ihres Lebens. Sie sind Aushängeschilder. Wenn man sie ansieht, dann sieht man, ob die Mutter alles richtig gemacht hat. Das kann zu verzweifelten Situationen führen.

Luisa Eckhards Mutter, Irmin Eckhard, möchte lieber persönlich mit ihrer Tochter sprechen, als Neuigkeiten über Instagram zu erfahren. Luisas Hang zur Öffentlichkeit ist ihr fremd

Wenn Agim Bucht*, 23, zurückblickt, sieht er eine heile Welt, aus der verstoßen zu werden, er sich niemals hätte vorstellen können. Seine Eltern, beide Muslime, zogen kurz vor seiner Geburt aus dem Kosovo nach Deutschland, er erlebte eine behütete Kindheit in Freiburg. Schule, Freunde, Abi, Studium. „Ich war der Prinz in der Familie, der Einzige mit Hochschulabschluss, der Stolz meiner Mutter“, sagt er. Heute fragt er sich, ob es wirklich um ihn ging oder um den guten Ruf der Familie.

»Ich war **der Prinz** in der Familie, ***der Stolz*** meiner Mutter«

Vor einigen Jahren drängte seine Mutter ihn, doch endlich zu erzählen, wo er die vergangenen Nächte verbracht hatte. „Ich liebe dich, egal, was kommt“, hatte sie gesagt und ihm über die Haare gestreichelt. Weil er keinen Grund hatte, an der Bedingungslosigkeit ihrer Liebe zu zweifeln, und weil er es mittlerweile leid war, mit Fake-Freundinnen zu Hause aufzutauchen, sagte er: „Ich war bei meinem Freund. Mama, ich bin schwul.“

Was dann passierte, erzählt er so tonlos und nüchtern, als wäre das alles Jahrzehnte her. Seine Mutter riss sich die silberne Kette mit dem blauen Diamanten vom Hals, die er ihr von seinem ersten Gehalt gekauft und geschenkt hatte. Sie schrie wie von Sinnen: „Mein Sohn ist nicht schwul, das ist krank, ich hoffe, du stirbst, lieber tot als schwul“, und schleuderte die Kette in seine Richtung.

Es sind nicht, wie man denken könnte, dramatische Verfehlungen von Kindern, die im späteren Leben zu einer Entfremdung führen. Mütter, so fanden Wissenschaftler der University of Iowa heraus, verzeihen vieles. Alkohol, Drogen, Kriminalität, das alles vermag die engen Bande zwischen ihnen und ihren erwachsenen Kindern nicht zu lockern. Was jedoch zu emotionaler Kälte in der Beziehung führen kann oder gar zur jahrelanger Funkstille sind unterschiedliche Ansichten über fundamentale Werte – was ist wirklich wichtig im Leben? Worauf kommt es an? Religion, Ehrlichkeit, Familie, Sexualität, Geld, es sind diese Fragen, die Sprengstoff bergen.

In den Augen von Agims Mutter hatte er das Familienansehen zerstört, einen Wert, der für sie wichtiger ist als sein Lebensglück. „Aber ich kann nicht spielen, was ich nicht bin, nur damit meine Mutter sich nicht vor den Verwandten schämen muss“, sagt Bucht.

Wie kommt man raus aus einer solchen Krise? Einen Schlussstrich ziehen? Ganz so einfach ist es nicht. Die Traumatherapeutin und Buchautorin Michaela Huber sagt: „Verlassen werden ist schlimm. Im Stich gelassen werden ist schlimm. Aber die Kälte einer Mutter zu spüren, die einen ablehnt, das ist das Schlimmste.“ Man kann vielleicht den Kontakt abbrechen, doch beenden lässt sich die Beziehung zur Mutter nie. Nur verändern.

Der erste Schritt dazu ist, die Idealisierung aufzugeben. Und zu verstehen: Eine Mutter ist nicht ideal – nur weil sie Mutter ist. Sie ist die, zu der sie sich entwickelt hat. Und es gibt Menschen, die sind in ihrer Entwicklung stehen geblieben. Manchmal können sie nichts dafür – sie wurden als Kinder selbst missachtet oder misshandelt. Manchmal sind sie bequem, egozentrisch, narzisstisch und manchmal auch einfach böse.

Agim fand auf sehr ungewöhnlich Art Hilfe: Kurz nach seinem Rausschmiss saß er bei seiner besten Freundin und deren Mutter Sitta am Kaffeetisch. Er schätzt Sitta sehr, ihre Bereitschaft, Verantwortung zu übernehmen, ihr großes Herz, sie hatte zwei Nachbarskinder bei sich aufgenommen, als deren Mutter obdachlos wurde.

„Dich würde ich sofort adoptieren“, sagte sie ganz nebenbei. Und meinte es ernst. Gleich am nächsten Morgen googelte er und fand heraus, dass eine „schwache Adoption“ infrage kommt. Er könnte Sittas Nachnamen annehmen und ihr Sohn werden, wesentliche rechtliche Beziehungen zu seinen leiblichen Eltern blieben jedoch bestehen. Ihn trieb die Sehnsucht nach Zugehörigkeit, der Wunsch nach einer offiziellen Bestätigung: Sohn und wirklich gewollt sein.

Am 25. Mai 2016 unterzeichneten Agim und Sitta im Freiburger Familiengericht die Adoptionsurkunde. Sie tranken Sekt und riefen Sittas Tochter an. „Hallo, Schwester“, sagte er.

Zu seiner leiblichen Mutter hat Agim nur noch selten Kontakt, per Whatsapp. Sie kommentierte ein Foto von ihm: „Wow, wow, wow, schön siehst du aus. Was hast du heute Abend noch vor?“ Er tippte: „Treffe gleich noch einen Freund.“ Seine Mutter: „Ist er normal oder genauso krank wie du?“ Er tippte ins Handy: „Er ist genauso normal wie ich.“

Es kommt selten vor, dass Mütter ihre Kinder verstoßen. Meistens sind es die erwachsenen Kinder, die als Reaktion auf zu viel Kritik oder andere an den Nerven zehrende Dauerkonflikte den Kontakt abbrechen.

** Name von der Redaktion geändert.*

Dass die Spannungen zunehmen, hat paradoxerweise auch mit dem Reichtum einer Gesellschaft zu tun. Denn je wohlhabender eine Gesellschaft ist, so fanden Wissenschaftler heraus, desto höher wird der emotionale Wert der Kinder. Sie werden nicht mehr nach ihrer „Nützlichkeit" bemessen wie in ärmeren Ländern, wo sie als eine Art Altersvorsorge betrachtet werden. Vielmehr sollen sie das Leben der Eltern vervollkommnen, die Leistung bringen, die man selbst auch erreicht hat, oder sogar noch übertreffen.

Suleika Bauer, 33, Violinistin am Sinfonieorchester Schleswig-Holstein, quälte jahrelang die Frage, ob sie auch ohne herausragende Leistungen von ihrer Mutter geliebt würde. Ihre Mutter Ute spielte als Violinistin in der Neubrandenburger Philharmonie, ihren Vater, ebenfalls Musiker, sah sie nur selten, die Eltern trennten sich früh.

Als Suleika sechs Jahre alt war, durfte sie endlich anfangen, Geige zu lernen, die Mutter suchte für sie den besten Lehrer aus. Er war begeistert, wie das Mädchen sofort mit ganzem Bogen über die Saiten strich. Ein Wunderkind, das bald bei Wettbewerben erste Plätze belegte. Auch mit der Mutter verstand er sich gut, nach einem Jahr wurden sie ein Paar. In ihrer Pubertät kam Suleika nicht mehr damit klar, dass der Geigenlehrer zugleich ihr Stiefvater war. Beim familiären Abendessen, nach Schule und drei Stunden Bach-Sonaten üben, wurde die musikalische Erfolgsquote des Tages ausgewertet. „Das war unsauber", sagte ihre Mutter. „Das war genau richtig", sagte die Zwölfjährige. „Du verschleuderst dein Talent, das ist ein Gottesgeschenk", sagte der Stiefvater. Suleika dachte: „Jetzt ist auch noch Gott auf mich sauer." Immer wieder testete sie aus, ob die Mutter wirklich sie liebt oder ihr Geigenspiel. Zog mit Freundinnen um die Häuser, statt zu üben. Die introvertierte Mutter schämte sich für die wilde Tochter. Kaum ein Nachmittag ohne Machtkampf.

Erst der Einzug in ein Internat mit 14 nahm Dampf aus dem Kessel. Kurz vor dem Abi schmiss Suleika – ohne die Mutter um Rat zu fragen – die Schule. Und bestand dennoch glanzvoll die Aufnahmeprüfung an der Musikhochschule in Rostock. Das Verhältnis entspannte sich. „Meine Mutter war einfach erleichtert, dass meine Stimme am Telefon erstmals nach Jahren wieder zuversichtlich klang, weil ich die ewige Doppelbelastung von Schule und Geige los war."

Wirklich nah kamen sie sich erst, als Suleikas Freund tödlich verunglückte. Die Mutter saß morgens am Bett, wenn Suleika aufwachte und sofort wieder abtauchen wollte. Sie sagte nicht „So ein Quatsch", wenn die Tochter in einem Schmetterling den Gruß ihres toten Freundes entdeckte. Sie war einfach immer da, weinte und schwieg mit ihrem Kind. „In dieser Zeit verstand ich, dass Mütter ihr Bestes geben", sagt Suleika.

»In dieser Zeit **verstand ich**, dass Mütter ***ihr Bestes*** geben«

Wir können nichts für die Prägungen unserer Kindheit. Aber was wir aus diesen Prägungen machen, ob es uns glückt, als Erwachsene den Menschen hinter der Mutterfigur zu sehen, die normale Frau mit ihren Ängsten und Nöten, liegt allein an uns.

Suleika und ihre Mutter haben heute eine innige Beziehung. Dazu gehört auch, dass die Tochter ihre schwierige Kindheit thematisieren darf, und die Mutter bereit ist, zuzuhören. Ohne Vorwürfe. Wie wichtig es ist, die frühen

Suleika Bauer quälte jahrelang die Frage, ob sie auch ohne herausragende Leistungen an der Geige von ihrer Mutter Ute Krebs geliebt würde. Suleika galt als musikalisches Wunderkind

Verletzungen nicht unter den Teppich zu kehren, weiß Stefanie Stahl, Psychologin aus Trier und seit Anfang 2016 mit dem psychologischen Ratgeber „Das Kind in dir muss Heimat finden“ auf den Bestsellerlisten. „Wer sich als Kind von seiner Mutter nicht gesehen oder geliebt fühlte, dem rate ich, sich als Erwachsener mit diesen Gefühlen noch einmal zu beschäftigen, auch wenn es wehtut. Darin liegt die Chance, sich bewusst zu werden, dass unser Wert als Mensch vollkommen unabhängig ist von der damaligen Sichtweise der Mutter“, sagt sie.

Vielleicht war die Mutter überfordert mit Job, Kindern, Patchwork. Und ja, vielleicht auch bindungsgestört. Das mag bitter sein. Aber als Erwachsene können wir uns ohnehin nicht mehr nachträglich holen, was uns in der frühen Kindheit an Wertschätzung vorenthalten blieb. „Wir müssen erkennen, dass wir weder wertlos noch überflüssig sind, nur weil wir uns als Kind oft so fühlten“, sagt Stahl. Und uns die ersehnte Anerkennung selbst geben. Erwachsen werden eben. Für Mütter gilt das genauso.

Irmin Eckhard beispielsweise, die Mutter der Influencerin, hatte vor einigen Jahren eine seltsame Begegnung. Als sie abends noch schnell in die Drogerie ging, um Waschmittel zu kaufen, stand plötzlich Luisa vor ihr. Aus Pappe, lebensgroß. Ihre Tochter hatte gerade eine Kooperation mit einem Duschgel-Hersteller eingetütet, von der sie nichts wusste. Irmin Eckhard stellte sich neben die Papp-Luisa, machte ein Selfie und schickte es an die Familien-Whatsapp-Gruppe. Ein bisschen stolz ist sie mittlerweile schon, gibt sie zu. „Schaffe ich es, meinen inneren Kritiker zu Hause zu lassen, sehe ich viel klarer, dass meine Tochter irre viel leistet, nur eben in einem mir fremden Bereich.“ ‹

In alter Freundsch

Text: Diana **Laarz**

Fotos: Stephan **Schneider**

Stephan Schneider (links) und Florian Thieme kennen sich seit über 40 Jahren. Sie sagen: »Immer noch beste Freunde«

Festes Abendritual: zum Sonnenuntergang die Angel auswerfen

Kann man seinen Erinnerungen nachreisen? Zwei Freunde haben es probiert und sind ***nach Jahrzehnten noch einmal zum Paddeln in Schweden*** aufgebrochen. Sie suchen die alte Ausgelassenheit, die Vertrautheit – und stehen schließlich vor einer schweren Entscheidung

So begann alles: Die beiden Freunde bei ihrer ersten gemeinsamen Kanutour am schwedischen See Stora Le im Jahr 1988

aft

Aus der Zweiertruppe wurde im Laufe der Jahre eine immer größere Paddelcrew. Dann kamen Kinder, Jobs, andere Interessen

Ein Mann stapft durch knöchelhohes Gras. Ein zweiter filmt das mit seiner Handykamera. Beide tragen Regenhosen, Regenjacken, Regenkappen. Ihre Klamotten glänzen, weil sie feucht sind. Bei jedem Schritt schmatzt der Boden. Der erste Mann tritt ein paarmal auf der Stelle. Schmatz, gurgel, schlürf. Er sagt: „Hier ist noch nicht mal ein richtiger Weg." Der Mann mit Kamera antwortet: „Na, dann sollten wir vielleicht ..." Dann bricht das Video ab.

Was sollten sie vielleicht? Aufgeben?

Aber es sollte doch ihr großes gemeinsames Abenteuer werden. So etwas bricht man nicht leichtfertig ab. Vor 30 Jahren sind Stephan Schneider und Florian Thieme zum ersten Mal zusammen in Schweden gewesen: zehn Tage paddeln. Damals waren sie nicht mehr ganz jung, aber noch lange nicht alt.

Jetzt sind sie Anfang 60, immer noch beste Freunde. Die Idee, die gleiche Tour nach drei Jahrzehnten noch einmal zu wagen, hatten sie beide. Und nun das: Seit zwei Tagen Dauerregen, und der Wetterbericht verheißt noch lange keine Besserung. So hatten sie sich das nicht vorgestellt. Sie hatten vor der Tour in einem Album mit den Urlaubsbildern von damals geblättert. Auf den Fotos regnet es nie.

Einer Erinnerung hinterherreisen. Geht das überhaupt? Die gleiche Tour machen und davon ausgehen, dass der Zauber sich wieder einstellen wird? Die gleiche Ausgelassenheit, die gleiche Vertrautheit erwarten? In den Stunden, als Stephan Schneider und Florian Thieme durch das regensatte Gras stapfen, lautet die Antwort: nein.

In den späten 1980er-Jahren war Schweden der wilde Norden. Stephan Schneider und Florian Thieme fuhren beim ersten Mal zu zweit los, dann kamen Freunde hinzu. Sie waren mal zu viert, zu fünft, zu acht. Sie trugen Trapperhüte, Holzfällerjacken und die Zigaretten lässig im Mundwinkel. Ihr Ziel war meist der Stora Le, ein See an der Grenze zu Norwegen. Sie parkten ihre Autos am Ufer, luden die Kanus ab, die Zelte und die Vorratskisten und tauchten dann ein in eine Welt aus Inselchen und Nadelwäldern. Aus Moosen und Blaubeeren. Sonst kein Mensch, keine Mücke.

> »Es war die perfekte Kombination aus *Natur und Freundschaft*. Wenn man Zeit hat, gehen Gespräche auf einmal sehr tief«

Das Fotoalbum aus diesen Jahren wirkt wie ein Bild gewordener Roman von Mark Twain, voller warmer Farben, lachender Gesichter und ganz viel Abenteuerlust. Junge Männer, die sich lässig auf ihre Holzpaddel stützen, Holz hacken, nackt am Seeufer tanzen.

Diese Erinnerungen haben sich eingebrannt:
– Wie Stephan jedes Jahr aufs Neue die Truppe zusammentrommelte.
– Wie Holger sein Zelt vergaß.
– Wie sie ein Kanu mit Moët-Champagner tauften.
– Wie direkt auf der Insel gegenüber zwei Frauen oben ohne posierten.
– Wie gut Florian Landkarten lesen konnte.
– Wie Götz über dem offenen Feuer Lammkarrees brutzelte.
– Wie Knut den Sternenhimmel erklärte.
– Wie Nordlicht über ihnen flackerte.

„Es war die perfekte Kombination aus Natur und Freundschaft", sagt Florian Thieme. Manchmal paddelten sie gar nicht los, blieben den ganzen Tag am Feuer sitzen und redeten. „Wenn man Zeit hat, sich treiben zu lassen, gehen Gespräche auf einmal sehr tief."

Zehn Jahre ging das so. Dann war es auf einmal vorbei: Kinder, Karrieren oder andere Reisen

Es war immer eine reine Männerrunde. Die Freundinnen, Frauen und Kinder blieben daheim

In den Vorratskisten hatten die Freunde Delikatessen dabei. Es gab Lammkarrees vom offenen Feuer

Sie trugen karierte Hemden, breitkrempige Hüte und schlugen das Holz für ihre Lagerfeuer selbst

In den späten 1980er-Jahren war Schweden der wilde Norden, eine einsame Welt aus Inselchen und Nadelwäldern

Es waren turbulente Reisen – mit langen stillen Pausen. Das einzige Geräusch verursachten die Paddel im Wasser

Irgendwann hat es dann doch geklappt. Im zehnten Jahr holte einer aus der Gruppe tatsächlich Hechte aus dem Wasser

Manchmal paddelten sie gar nicht los, blieben den ganzen Tag am Feuer sitzen, redeten und tanzten

In der windgeschützten Outdoor-Küche stand auch die heiß begehrte Süßigkeitenkiste

Sie waren noch jung, abenteuerlustig, wagemutig – und sprangen in das zehn Grad kalte Wasser des Sees

waren wichtiger geworden. Einer der Freunde starb an Krebs.

Für Stephan und Florian aber blieben die Erinnerungen an die Schwedentouren ein Fundament ihrer Freundschaft.

Beide sprechen von Liebe, wenn sie über ihre Beziehung reden, ganz ohne Ironie. Sie lernten sich mit Anfang 20 kennen. Florian war von München nach Hamburg gezogen und suchte neue Bekannte. Er klopfte bei Freunden von Freunden. „Da saß Stephan, und es war irgendwie Liebe auf den ersten Blick." Stephan erinnert sich ähnlich: „Er sagte ‚Tach', seitdem haben wir uns geliebt."

Sie kennen sich nun seit fast 40 Jahren. Viel ist in dieser Zeit zerbrochen oder einfach in Vergessenheit geraten. Ihre Freundschaft nicht. Und das, obwohl Florian inzwischen in Südafrika wohnt. Sich die Freunde manchmal ein ganzes Jahr nicht sehen, sich nur schreiben, telefonieren. „Stephan ist einfach immer für mich da, nie aus der Ruhe zu bringen", sagt Florian. „Auf Flori kann ich mich ganz und gar verlassen", sagt Stephan. „Diese Freundschaft kann nichts mehr erschüttern." Aus seinem Mund klingt das nicht kitschig.

M**it der erneuten** Tour nach Schweden wollten sie diese Freundschaft feiern. Sie kramen das Equipment wieder raus: das Kanu, die Schlafsäcke, das Zelt, die Kochtöpfe und Pfannen, den guten alten Wasserkessel – alles über 30 Jahre alt. Einzig die Isomatten tauschen sie aus, da gibt es heute bessere. Das ist ein Zugeständnis an ihre älter gewordenen Rücken. Ansonsten ist anfangs vieles wie früher.

Sie beladen das Kanu, setzen sich hinein und stoßen sich ab. Vor ihnen der verheißungsvolle, in der Sonne glitzernde Stora Le. Um sie herum der Wald, die warmen Farben des Spätsommers. Das alte Gefühl ist sofort wieder da. Florian: „Wir paddeln, und nichts kann uns aufhalten."

Aber manches hat sich auch verändert. Ihre Insel, die Insel, die sie immer zuerst ansteuerten, haben längst auch andere für sich entdeckt. Dort ist es ziemlich voll. „Ein kleiner Schock", sagt Stephan. Und die Lammchops, die sie über dem Feuer brutzeln wollten, sind während der Fahrt nach Schweden schlecht geworden. „Das hat uns wirklich traurig gemacht." Das Gourmetessen am Lagerfeuer fällt aus.

Und dann setzt auch noch der Regen ein.

Es ist ein senkrecht vom Himmel fallender, prasselnder Regen. Ein Regen, der alles aufweicht, zuerst die Klamotten, dann die Menschen und zuletzt den Durchhaltewillen.

Irgendwann am dritten Tag hocken Stephan und Florian auf Klappstühlen unter ihrem Tarp, das so durchweicht ist, dass sich an seiner Unterseite Tropfen sammeln. Und fast gleichzeitig sprechen sie aus, was jeder schon seit einigen Stunden in Gedanken für sich selbst formuliert: „Muss es eigentlich sein?"

E**ine schwere** Entscheidung. Aufhören könnte sich wie Aufgeben anfühlen. So viele Erinnerungen und Erwartungen und am Ende nur große Enttäuschung.

Stephan und Florian entscheiden sich dennoch, die Tour abzubrechen – und fühlen ganz anders. „Es ist uns leichtgefallen. Die Situation war halt so und fertig, aus", sagt Florian. Stephan sagt: „Vielleicht waren wir doch ein wenig weicheiig." Aber er lacht dabei. Es fühlte sich nicht wie Scheitern an, sondern eher nach Erleichterung. Sie packen, paddeln zum Auto und fahren die Nacht durch, zurück nach Deutschland, nach Mecklenburg-Vorpommern. Dort hat Stephan ein Ferienhaus. An der Ostsee verbringen sie den Rest ihres gemeinsamen Urlaubs. Es ist ein anderer Urlaub als der, den sie geplant hatten, aber sie schwärmen davon.

Erinnerungen, die ihnen geblieben sind:

– Wie das Kanu über die Wakenitz gleitet.
– Wie Florian im Schlossgarten von Schwerin alle Bäume bei ihrem lateinischen Namen nennt.
– Wie Stephan noch mal Lammchops kocht – und es klappt.
– Wie spätnachts das letzte Glimmen im Kamin erlischt

Kann ein Urlaubsrevival nach 30 Jahren gelingen? Florian sagt: „Ja." Man sollte sich allerdings vorher darüber im Klaren sein, dass es zu nass sein kann, zu heiß, zu kalt, zu unbequem. Ganz anders als damals eben. Und Stephan: „Es war trotzdem alles noch da: Die Vertrautheit zwischen uns, die Offenheit, das hat mir vollkommen gereicht." Schweden und der Stora Le waren da gar nicht mehr so wichtig. ‹

»Es war alles noch da: Die *Vertrautheit zwischen uns*, die Offenheit, das hat mir vollkommen gereicht«

AUS GEO

AKTION

Wir machen Deutschland wild. Helfen Sie uns dabei:

VERKAUFEN SIE UNS

Freuen sich über Ihre Unterstützung: GEO-Chefredakteure Jens Schröder (l.) und Markus Wolff

Lassen Sie uns zunächst kurz aufsteigen und im Gleitflug aus der Perspektive eines Fischadlers auf unsere Heimat blicken. Was wir sehen, bietet wenig Abwechslung: Auf der Hälfte der Fläche reiht sich Acker an Acker, Weide an Weide, Straßen zerteilen das Land und verbinden Städte. Und obwohl 30 Prozent des Landes von Wäldern bedeckt sind, steht oft Fichte an Fichte und Kiefer an Kiefer in Monokultur. Wir haben dem Land seine Wildheit genommen. Obwohl die Bundesregierung bis Ende 2020 zwei Prozent der Landesfläche in Wildnis verwandeln wollte, wuchert diese tatsächlich nur auf etwa 0,6 Prozent der Fläche. Kein Wunder, dass der Fischadler auf einer Roten Liste steht – so wie rund ein Drittel aller Vogelarten, Säugetiere und Wildpflanzen in Deutschland.

Wir möchten mehr Grün statt Rot sehen. Wir wollen schützen und es wachsen und wuchern lassen. Deshalb haben wir »GEO schafft Wildnis e. V.« gegründet. Mit Spendengeldern möchten wir Waldflächen und andere Grundstücke kaufen und sie sich selbst überlassen – damit sich die Natur frei und wild entwickeln kann. Auf dem Weg zu unserem ersten GEO-Wald sind dabei die Expertinnen und Experten der Loki Schmidt Stiftung an unserer Seite, die seit Jahrzehnten Biotope bewahren und Land zum Schutz von Tieren und Pflanzen kaufen. Gemeinsam möchten wir für mehr Wildnis sorgen.

IHREN WALD

Doch dafür brauchen wir Ihre Hilfe: Begeistert Sie die Idee des GEO-Waldes genauso wie uns, und besitzen Sie ein Stück Wald? Dann bieten Sie ihn uns an, ganz gleich wie groß und in welchem Zustand er ist. Schreiben Sie uns per Mail (Kontaktformular auf *geo.de/wildnis*) oder per Post (Redaktion GEO, GEO-Wald, 20144 Hamburg). Alle geeigneten Flächen werden wir im Laufe der nächsten Monate persönlich besichtigen.

Wo dann schließlich der erste GEO-Wald liegt, steht voraussichtlich im Herbst 2022 fest. Über jeden Schritt informieren wir Sie auch in unseren Magazinen, online, auf Social Media und schließlich vor Ort.

Auf bald im GEO-Wald!

SIE MÖCHTEN UNS IHREN WALD ANBIETEN?

Dann benötigen wir zunächst diese Angaben:

- Lage des Waldes
- Größe
- Alter und Art des Baumbestands
- Nutzungsart
- Eigentümer*in
- Preisvorstellung
- Karte und Foto des Waldes

Weitere Informationen unter *geo.de/wildnis*

GEO SCHAFFT WILDNIS e.V.

LOKI SCHMIDT STIFTUNG

Familien

Mehr als *89 000 Pflegekinder gibt es in Deutschland.* Sie wissen, dass sie verlassen wurden und dass Liebe manchmal nur ein Wort ist. Was passiert, wenn die erste Beziehung im Leben nicht funktioniert?

sache

Text: Tobias **Scharnagl**

Fotos: Carolin **Windel**

Tim blättert in dem Fotoalbum, das sein Leben dokumentiert. Er tut das zwei-, dreimal die Woche. Danach kann er besser schlafen

Tim* braucht die Messer. In seinem Zimmer, im Schrank, am Bett. Kurze Messer, lange Messer, scharfe Messer, stumpfe Messer, Messer zum Schnitzen, Messer zum Fischeaufschlitzen. Sein Vater sagt: „Das hat nach der Sache vor Gericht angefangen, er bewaffnet sich. Als ob er sich schützen müsste." Seine Mutter sagt: „Wenn sie wieder abgesagt hat, braucht er seine Messer. Ich hab manchmal Angst." Tim sagt: „Mama, ich pass gut auf. Mit einem Messer kann man Gerechtigkeit schaffen, aber auch Frieden für sich selbst."

Tim ist zwölf, als ich ihn treffe. Sein Vater und seine Mutter sind nicht seine leiblichen Eltern. Er wohnt seit elf Jahren bei ihnen. Er nennt sie Mama und Papa. Seine leibliche Mutter hat er zum letzten Mal vor fast zwei Jahren gesehen. Er schreibt ihr manchmal. Manchmal schreibt sie zurück. Die Sache vor Gericht: Da wollte sie ihn wiederhaben.

Tim sagt: „Wenn man in den Wald geht und etwas schnitzt und mit den Händen etwas baut, dann kann man Frieden finden."

Er muss mit der Frage fertigwerden: Warum hat meine Mutter mich verlassen? Er muss die Frage jetzt aushalten, er muss sie in der Pubertät aushalten, er muss sie als Erwachsener aushalten, er muss sie aushalten, bis er alt und müde ist.

Es gibt 89 000 Pflegekinder in Deutschland. So viele wie nie zuvor. 89 000 Mal die Frage: Warum? 89 000 Antworten.

Wie leben die Kinder, die sich diese Frage stellen? Auf der Suche nach Antworten bin ich ein halbes Jahr lang durch Deutschland gereist, ich sprach mit Forschern, Psychologinnen, Ärzten, Juristinnen, Mitarbeitern von Jugendämtern, Aktivisten, leiblichen Eltern, Pflegeeltern – und mit Pflegekindern. Bevor ich all diese Menschen traf, wusste ich fast nichts über Pflegekinder. Ich erinnerte mich an ein paar Kriminalfälle, in denen Kinder nach Misshandlungen im eigenen Elternhaus zu Pflegefamilien gebracht wurden. Fälle, in denen frühere Pflegekinder zu Tätern geworden waren. Ich las, dass jedes zweite Pflegekind eine psychische Störung habe. In der „Normalbevölkerung" sei es nur jeder Zehnte. Pflegekinder seien häufiger gewalttätig, kämen häufiger ins Gefängnis, begingen häufiger Suizid.

Wie geht eine Gesellschaft mit denen um, die ihre Hilfe am dringendsten brauchen? Wo kommt man hin im Leben, wenn der Start schwierig ist?

»Eine Pflegefamilie kann neue Wurzeln wachsen lassen«

* *Die Namen aller Kinder und Familien sind geändert.*

I.

Diagnose

Jörg M. Fegert ist ein großer und ernster Mann, der Direktor der Kinder- und Jugendpsychiatrie der Universität Ulm. Er hat die erste Ambulanz für Pflegekinder in Deutschland aufgebaut. An einem Tag im Herbst sitzt er an seinem Schreibtisch, im Rücken viele Bücher.

Als ich ihn frage, welche Fähigkeiten wir als Kind ausbilden, lächelt er kurz und blickt dann wieder ernst. „Fast alle."

Wie reagieren Kinder, wenn sie von ihren Eltern getrennt werden, Herr Professor?

„Manche sind aggressiv, andere suchen Nähe, lassen sich aber nicht trösten. Sie verletzen sich selbst, sind apathisch oder wahllos freundlich, haben eine Bindungsstörung. Das sind die jüngeren schwer vernachlässigten Kinder."

Und die älteren?

„Die können sich oft nicht konzentrieren, zündeln, leiden an Depressionen."

Viele Pflegekinder wurden von ihren leiblichen Eltern vernachlässigt, geschlagen, missbraucht – und wollen doch nicht weg von ihnen. Warum?

„Weil sie ihnen vertraut sind. Manche sagen: Das Schlimmste war, dass ich dort wegmusste. Das Jugendamt sehen sie als Aggressor. Wenn das nicht besprochen wird, wenn aus Herkunft und Herausnahme ein Tabu gemacht wird, kann das ein Leben lang schwelen. Deshalb ist Biografiearbeit zentral. Wir wissen, wie heilsam das Erzählen der eigenen Geschichte ist."

Auch wenn die eigene Geschichte schlimm ist?

„Gerade dann. Viele Menschen, die Schlimmes erlebt haben, geraten in Beziehungen, wo sie ähnlich behandelt werden."

Weil sich Menschen in Vertrautes flüchten, auch wenn sie das traumatisiert hat?

„Es ist kein Naturgesetz, kein Teufelskreis. Eher sind es Abhängigkeitszyklen, die sich wiederholen. Muster, die sich eingeschliffen haben. Man kann das ändern: durch korrigierende Erfahrungen. Das ist eine der Chancen der Pflegefamilie."

Was kann die Pflegefamilie einem Kind geben?

„Regelmäßigkeit, Stabilität, Zuverlässigkeit: Das braucht ein Kind, um sich zu entwickeln. Pflegekinder haben oft viele Stationen hinter sich, jede Beziehung, die sie aufgebaut haben, wurde wieder abgebrochen. Sie müssen neu lernen, Menschen zu vertrauen. Nur ein Kind, das sich seiner Beziehung sicher ist, klettert vom Schoß der Mutter und erkundet die Welt."

Tim im Garten seiner Pflegeeltern. Bei ihnen lebt er, seit er ein Baby war. Er sagt Mama und Papa zu ihnen

»Mein treuer Begleiter« sagt Tim über Hasi, sein Lieblingskuscheltier. Er hat es schon sehr lange und passt gut darauf auf

»Wir mussten uns, bevor wir ihn aufnehmen durften, richtig nackig machen«

Können Kinder in Pflegefamilien auch ein Gefühl dafür entwickeln, wer sie sind?

„Jedes Kind hat irgendwann die Fantasie, in Wahrheit ein Königskind zu sein, das nur dummerweise bei seinen Eltern gelandet ist. Gewöhnlich hört das schnell wieder auf: zu viele Beweise, zu viele Zeugen. Pflegekinder haben die oft nicht. Die wissen nicht: Hat mich ein böses Jugendamt meinen Eltern entrissen, die eigentlich ganz toll waren?" Eine Pflegefamilie kann die Fragenden und Suchenden auffangen. Kann neue Wurzeln wachsen lassen. Die Kinder haben dann zwei Väter, zwei Mütter. Sie wachsen in zwei Bezugssystemen auf.

Tief im Inneren führen sie ein Doppelleben.

II.
Tim

Ein Winterabend in Süddeutschland. Warmes Licht, ein langer Tisch. Draußen geht die Sonne unter, drinnen wird es laut.

„Mama! Ich hab Hunger!"

„Gleich. Aber jetzt tun wir erst mal noch kurz beten, gell?", sagt Mama.

Auf dem Tisch dampft eine Schüssel mit Hackfleisch-Käse-Auflauf. Tim greift zu.

„Halt, halt, halt. Willst du, Linus?", fragt Mama.

Linus nickt. Er faltet die kleinen Hände und schließt die Augen.

„Lieber Gott, danke für das Essen."

„Schön kurz und knackig", sagt Mama.

„Ich mag keinen Käse", sagt Julian.

„Ich auch nicht", sagt Linus.

„Du Affe! Sonst magst du doch auch Käse. Nur weil ich das jetzt sag!", sagt Julian.

Tim sagt: „Ich mag Käse. Es gibt Leute, die überbacken alles mit Käse. Da gibt es einen Spruch: Was muss ich tun, damit ich dir gefalle? Überback dich mit Käse!"

Alle lachen. Seine Mutter sieht ihn lange lächelnd an.

Tim ist der Junge mit den Messern.

Das ist seine Familie: Mama Bettina, die groß ist und breit, eine Erscheinung, aber eine sanfte. Daneben Papa Michael, schmal und ruhig, der nur laut wird, wenn man ihm auf den Zeiger geht. Neben ihm der leibliche Sohn Julian, ein grummelnder, gutmütiger Bär. Und Linus, auch er ein Pflegekind. Ein aufgedrehter Junge, der auf dem Stuhl hin und her rutscht, ständig quasselt und später mal Römer werden will. In einem Korb auf dem Boden liegt Schnuppe, ein junger

Michael und Bettina Spatz auf dem Balkon ihres Hauses. Ihre größte Angst: Tim doch wieder zu verlieren

Labrador. „Unser neuestes Familienmitglied", sagt Bettina Spatz.

Von der Tischlampe hängen Luftballons. Julian ist gestern 19 geworden. Tim wird bald 13, Linus bald 6. Er hat sich eine römische Galeere als Geburtstagskuchen gewünscht. Seine Mutter wird ihm eine backen.

Sie sagt: „Wir sind eine ganz normale, glückliche Familie. Aber eine, die viel durchgemacht hat." Was sie nicht sagt: eine, die beinahe zerbrochen wäre.

Sie hatten Kinder gewollt, beide, immer, sehr. Es ging nicht. Sie probierten künstliche Befruchtung. Es klappte: Julian kam. Danach klappte es nicht mehr. „Wir wollten aber kein Einzelkind."

Adoption, hieß es damals, sei schwierig, wenn man schon ein eigenes Kind hat. Eine Freundin erzählte ihnen, dass es so was gibt: Pflegekinder. Bettina und Michael Spatz nahmen einen Jungen auf.

Er sitzt heute nicht am Tisch.

Im Haus hängen nirgends Fotos von ihm. Aber als Bettina und Michael Spatz die Geschichte ihres ersten Pflegesohns erzählen, merkt man: Er ist immer noch da, irgendwie.

„Wir mussten uns, bevor wir den Jungen aufnehmen durften, richtig nackig machen", sagt Michael Spatz. „Polizeiliches Führungszeugnis. Attest. Fragebogen. Gespräche. Hausbesuche. Religiöse Ansichten. Wie man zu Schwulen und Lesben steht. Ist ja auch richtig."

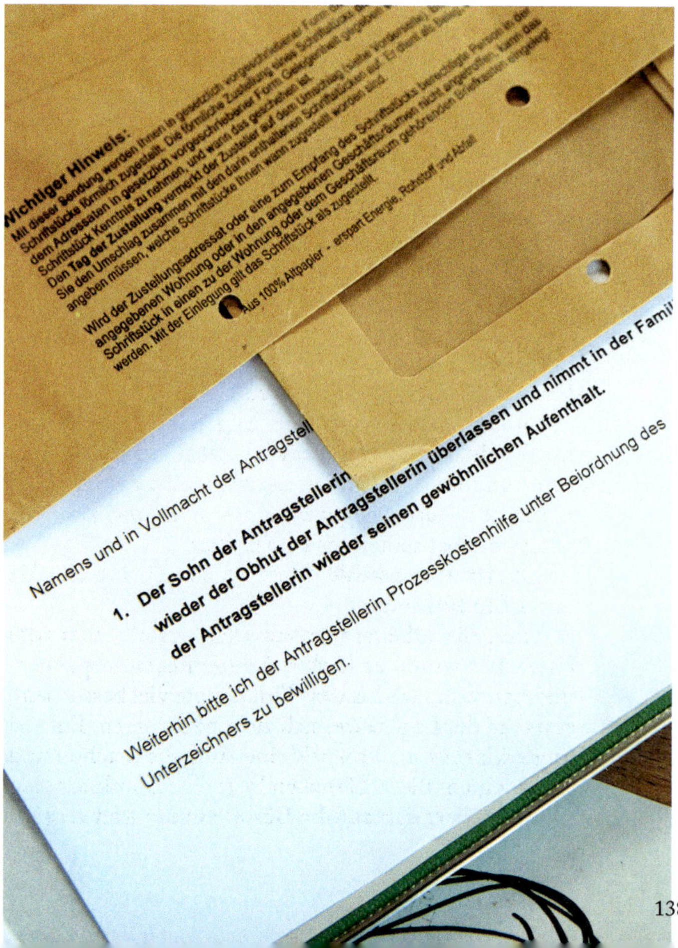

Die Gerichtsakten zum Fall Tim: Seine Pflegeeltern haben lange um das Sorgerecht gestritten. Es gibt der Familie etwas Sicherheit

Bettina Spatz: „Der Anruf kam: Sie hätten jetzt ein Kind."

Michael Spatz: „Es könnte sein, dass es behindert ist, sagten sie uns. Und: Ihr könnt ja immer noch Nein sagen."

Bettina Spatz: „Für uns war klar: Natürlich nehmen wir den jetzt auf! Die eigenen Kinder kann man sich ja auch nicht aussuchen."

Sie hatten sich entschieden, ohne den Jungen gesehen zu haben.

Michael Spatz: „Da war dann was ganz Krasses mit ihm: Der wäre mit jedem Mann mitgegangen, egal, ob er ihn kannte oder nicht. Das hat sich nie geändert."

Bettina Spatz: „Er ist auch so wackelig gelaufen. Unser Julian war gleich verliebt in ihn. Der hat alles gemacht, was der Julian wollte. Ein Herz und eine Seele."

Es war nicht leicht, aber Familie Spatz und der Junge wuchsen zusammen. Als er ein Jahr da war, zog seine Tante vor Gericht. Sie wollte den Jungen holen. Es ging hin und her. Monatelang. Irgendwann rief der Vater des Jungen bei Michael Spatz an: Wenn du mir mein Kind nimmst, nehm ich dir deins.

Sie wären weit gegangen. „Aber das", sagt Bettina Spatz, sei zu viel gewesen.

Nach nur einer Woche war der Junge weg. Es war, als wäre ein Familienmitglied gestorben. Bettina, Michael und Julian Spatz trauerten. Dann riefen die Eltern beim Jugendamt an und sagten: Wir machen weiter. Nach etwas mehr als einem Jahr kam ein anderes Pflegekind: Tim.

Bettina Spatz: „Sie haben uns nicht viel gesagt."

Michael Spatz: „Nur dass er damals in Bereitschaftspflege war und seine Mutter psychisch krank sei. Und dass er einen älteren Halbbruder habe, der auch in einer Pflegefamilie lebt."

Erst später haben sie erfahren, warum. Tims Mutter hatte im Streit ein Messer auf den Vater geworfen. Er trug Tims Halbbruder auf dem Arm. „Der Kleine wäre fast gestorben", sagt Bettina Spatz. Nachher habe das Amt die Mutter im Auge behalten. Und als Tim geboren wurde, gab das Amt ihn bald in Bereitschaftspflege. Von dort kam er zu Familie Spatz.

Tim bekam das Bett des Jungen, der wieder hatte gehen müssen. Er schlief viel. Eine Therapeutin sagte: Manche Kinder flüchten sich in den Schlaf.

Tim erholte sich. Er verstand sich gut mit Julian. Bettina Spatz sagte zu ihm: „Der Julian ist zwar in meinem Bauch, aber du bist in meinem Herz gewachsen."

Seine leibliche Mutter kam zu Besuch. Unregelmäßig, aber sie kam. Jahre vergingen. Die Kinder wuchsen. Bettina und Michael Spatz fingen an, sich zu entspannen.

Frederik mit seiner Pflegemutter in Bremen. Sein leiblicher Vater ist Teil seines Lebens, manchmal gehen sie zu dritt schwimmen

»Es ist schön, wenn meine Eltern was zusammen machen«

Eines Tages klingelte das Telefon. „Tim war vier, fünf Jahre alt, seine Mutter war gerade bei uns gewesen", sagt Bettina Spatz. „Die Chefin vom Jugendamt rief an: Frau Spatz, jetzt muss ich Ihnen was Schlimmes sagen. Die Mutter hat einen Antrag ans Gericht gestellt. Sie möchte ihn zurückhaben." Das darf nicht sein, dachte Bettina Spatz. Geht jetzt alles von vorn los?

Familie Spatz nahm sich einen Anwalt. Diesmal würde ihnen niemand das Kind wegnehmen, das sie aufgenommen hatten.

Die Rechte der leiblichen Eltern sind in Deutschland besonders geschützt. Zwei Diktaturen, in denen Kinder aus Familien gerissen wurden, haben ihren Anteil daran. Die Elternrechte stehen ganz vorn im Grundgesetz. Artikel 6: „Ehe und Familie stehen unter dem besonderen Schutze der staatlichen Ordnung. Pflege und Erziehung der Kinder sind das natürliche Recht der Eltern und die zuvörderst ihnen obliegende Pflicht. Über ihre Betätigung wacht die staatliche Gemeinschaft."

Weiter heißt es: „Gegen den Willen der Erziehungsberechtigten dürfen Kinder nur auf Grund eines Gesetzes von der Familie getrennt werden, wenn die Erziehungsberechtigten versagen oder wenn die Kinder aus anderen Gründen zu verwahrlosen drohen."

Eine Verfahrenspflegerin sagte damals, Michael und Bettina Spatz müssten mit Tim über alles reden. Nach dem Gespräch schlief er nicht mehr. Eine Psychologin sagte, man müsse mit Tim jetzt ein Schwert schnitzen. Er brauche seine eigene Waffe, um sich zu schützen. Wieder ging es monatelang hin und her. Geht er? Geht er nicht?

Die Verhandlung selbst dauerte dann fünf Minuten. „Seine Mutter hat zurückgezogen", sagt Michael Spatz.

Er habe versucht, diese Frau mit Borderline-Persönlichkeitsstörung zu verstehen; die in ihrer eigenen Welt lebe und sie sich schönrede. Sie habe wahrscheinlich ein Hoch gehabt, sagt Michael Spatz, und gedacht: „Warum soll mein Kind nicht bei mir leben?"

Tim, ein fünf Jahre alter Junge, war Gegenstand eines Rechtsstreits geworden. Zwei feindliche Lager zerrten an ihm. Was macht das mit einem Jungen? Der loyal seiner Mutter gegenüber sein will; und zugleich loyal gegenüber seiner neuen Familie?

Als Antwort erzählt Bettina Spatz die Geschichte mit der Büroklammer.

Tim gehe auf eine Gemeinschaftsschule, aber vom Wissen her würde er locker das Gymnasium packen. Seine Lehrerin sage immer: Tim könnte viel besser sein, wenn er in der Lage wäre, sich zu konzentrieren. Bettina Spatz erklärt es so: Tim soll eine Aufgabe machen und sitzt vor einem Blatt. Daneben liegt eine Büroklammer. Er konzentriert sich auf die Büroklammer und vergisst das Blatt. „Er hat so viele Baustellen in seinem Kopf, wie soll er sich da auf ein Blatt Papier konzentrieren?“

Das Sorgerecht, um das so heftig gestritten wurde, haben nun Bettina und Michael Spatz. Es gibt ihnen etwas Sicherheit. Den meisten Pflegeeltern fehlt diese Sicherheit. Meist liegt das Sorgerecht bei den leiblichen Eltern oder beim Amt.

Tim geht jetzt zu den Pfadfindern. Da baue man Sachen im Wald und dürfe schnitzen, sagt er. Zu Hause gilt die Regel, dass seine Messer in einem verschließbaren Schrank verwahrt werden, aber manchmal nimmt er ein Taschenmesser mit ans Bett. Er muss es nicht benutzen. Allein dass er es neben sich weiß, gibt ihm ein wenig Ruhe.

Es ist fast zwei Jahre her, dass er seine leibliche Mutter gesehen hat. Er will nicht gern über sie reden. „Sie bringt sein Leben nach wie vor komplett aus der Bahn“, sagt Michael Spatz, als Tim das Zimmer verlassen hat. „Sie meldet sich irgendwann und dann nicht mehr.“ Wie an Weihnachten. „Sie sagt, sie kommt, und dann kommt sie nicht.“ Oder sie sagt: Ich schenk dir eine Mitgliedschaft im Fußballverein. Dabei interessiere ihn Fußball gar nicht.

Aber er hätte das Geschenk genommen, sagt Bettina Spatz. „Einfach um seine Mutter zu sehen.“

III.
Angst

Wovor haben Sie Angst, Frau Spatz?

„Dass ich eines meiner Kinder doch noch verliere.“

Und Sie, Herr Spatz?

„Vor dem Tag, an dem Tim sagt: Du hast mir nichts zu sagen, du bist nicht mein Papa.“

Was würden Sie antworten?

„Ich weiß nicht. Ich hoffe, dass ich nicht in dieselbe Kerbe schlage. Ich liebe den Tim. Nur ganz selten, wenn es vorn und hinten nicht klappt, stelle ich mir die Frage: Wäre es anders, wenn Tim das leibliche Kind wäre? Aber diesen Gedanken tu ich ganz schnell wieder weg.“

„Du bemühst dich“, sagt Bettina Spatz.

„Ja, ich bemüh mich.“

IV.
Erinnerung

Tim ist ein blasser, stiller Junge mit klugen Augen, die blitzen, wenn er etwas weiß und das auch sagen kann. Er sitzt auf dem Sofa. Auf seinem Schoß hält er ein dickes Fotoalbum. Seine Bereitschaftspflegemutter hat es für ihn angelegt, seine Pflegeeltern haben es weitergeführt. Auf der ersten Seite steht: „Lieber Tim, heute habe ich den Anruf bekommen, dass beim Jugendamt ein kleiner Junge ist, der eine Zeit lang zu uns kommen soll, weil seine Mama ihn im Moment nicht versorgen kann. Wir freuen uns sehr auf dich und was wir alles mit dir erleben werden. Wir, das sind: die Familie P.“

Frederik schwebt: Beide, sein Vater und seine Pflegemutter, mussten ein bisschen loslassen. Und auf beide kann er sich verlassen

Er blättert die Seite behutsam um. Das Papier ist dünn, aber nicht gerissen. Er sagt, er schaue sich die Fotos zwei-, dreimal pro Woche an, abends, wenn er auf dem Bett sitze. „Ich kann danach besser schlafen." Der Hund kaut an seinen Socken. Tim merkt es nicht. Er zeigt auf ein Foto, auf dem er etwa drei Jahre alt ist und auf etwas herumbeißt. Er sagt: „Hier hab ich Salami gegessen." Er blättert weiter. Ein kleiner Junge badet in einem Planschbecken. „Da kann ich mich dran erinnern! Da war ich eineinhalb oder so."

Er benennt Namen und Orte. Jedes Detail, jede Geste auf den Fotos hat Bedeutung. Er spricht schnell, blättert schnell. Es ist seine Vergangenheit, in der er blättert. Sein Leben. Als liefe ein Film in ihm ab. Ein Film, über ihn selbst.

Bettina Spatz sitzt drüben am Esstisch und hört aufmerksam zu.

Tim sagt: „Das ist mein Lieblingskuscheltier. Hasi. Ihn hab ich seit meiner Kindheit."

Bettina Spatz ruft herüber: „Er kann sich da jetzt aber nicht dran erinnern. Er erinnert sich praktisch nur durch unsere Erzählungen."

Tim legt die Seiten um. Seidenpapier raschelt. „Das ist halt eben meine leibliche Mutter und mein leiblicher Vater. Die liegen mit mir auf dem Teppich und spielen." Er blättert rasch weiter.

Fotos von seiner neuen Familie. Dann: Tim in einem selbst gebauten Iglu. „Und natürlich ist Hasi mal wieder dabei." Tim sagt: „Mein treuer Begleiter."

Hast du Hasi schon mal verloren?

„Ich pass so gut auf Hasi auf. Als wär er mein eigener Finger oder mein Gehirn. Wenn ich überhaupt ein Gehirn hab."

Was würdest du machen, wenn jemand dir Hasi wegnehmen wollte?

„Der würde Hasi vielleicht kriegen, aber meine Faust auch."

Ich würde gern mit Tims leiblicher Mutter sprechen. Aber Familie Spatz will das nicht. Das Jugendamt auch nicht. Und Tim auch nicht. Also lasse ich es.

Es gibt einen Spruch in deutschen Jugendämtern: Du kriegst das Kind raus aus der Familie, aber du kriegst die Familie nicht raus aus dem Kind.

Ist das Kindeswohl gefährdet, greift der Staat ein. Inobhutnahmen können aussehen wie Kindesentführungen, sagt eine Sozialarbeiterin, die oft dabei war. Manche Kinder umklammern die Beine ihrer Eltern und schreien. Andere sind wie eingefroren. Wieder andere plappern unbekümmert los, kaum dass sie im Auto der Sozialarbeiterin sitzen.

Was normalerweise die Natur regelt – dieses Kind wird in jene Familie geboren –, übernehmen dann Mitarbeiter*innen des Jugendamts: Menschen mit guten Absichten, mit Engagement, Menschen auch, die fehlbar sind und irren können.

Je länger ich mich mit Pflegekindern und dem System dahinter beschäftige, desto mehr habe ich das Gefühl, auf ein riesiges Bild zu starren. Ein Bild mit tausend Menschen, Gefühlen, Gedanken. Angst. Hoffnung. Manchmal sehe ich ein Wimmelbild von Ali Mitgutsch, bunt und voll schöner Überraschungen. Und manchmal starre ich auf ein düsteres Gemälde, wie von Hieronymus Bosch, wo es auch wimmelt, aber nur von Verzweiflung und Leid.

Es kommt wahrscheinlich ein bisschen drauf an, wie man sonst so aufs Leben schaut.

V.
Veränderungen

„Mich ärgert, wenn manche Psychiater diese Kinder pauschal pathologisieren", sagt Klaus Wolf. „Es ist doch viel spannender zu schauen, was die alles schaffen!"

Wolf, Professor für Erziehungswissenschaften und Sozialpädagogik, hat an seiner Uni in Siegen die „Forschungsgruppe Pflegekinder" geleitet. Er ist inzwischen im Ruhestand, aber jetzt wird er noch mal ungemütlich:

„Wer denkt, dass Kinder völlig heil durchs Leben kommen, hat vom Menschen nichts verstanden!"

Er wandert um den Küchentisch seines Hauses am Rande von Hamburg. Seine weißen Haare stehen vom Kopf ab, der Musketierbart lässt ihn verwegen aussehen. An der Haustür hängt ein Schild: „Traue nicht dem Ort, wo kein Unkraut wächst."

Bei jedem Satz, der so anfängt: „Die Pflegekinder sind so und so", sträube sich was in ihm, sagt Wolf. „So nach dem Motto: Die sind alle gestört, die schaffen es sowieso nicht." Er setzt Teewasser auf.

Aber Pflegekinder sind doch gefährdeter – was Drogen angeht, Gefängnis, Suizid?

„Statistisch ist ihr Anteil höher, ja. Aber gefährdeter? Was sagt Statistik denn über den Einzelnen aus? Nichts. Man kann es auch umdrehen: Viele Pflegekinder sind resilienter als andere Kinder, also widerstandsfähiger gegenüber Belastungen."

Woran liegt das?

„Manche mussten schon früh mit gravierenden Problemen umgehen. Sie haben gelernt, sich von solchen Schwierigkeiten nicht entmutigen zu lassen. Andere Probleme im späteren Leben erscheinen ihnen dann nicht so schlimm. Zudem machen diese Kinder in ihrer Pflegefamilie oft sensationell neue, positive Erfahrungen mit Menschen. Sie vergessen ihre Belastungen zwar nicht, aber sie ergänzen sie."

Trotzdem sind da doch die alten Fragen: Warum konnte ich nicht bei meiner Mutter bleiben? Wenn ich selber Kinder kriege, wiederholt sich dann mein Schicksal?

„Aber die Antworten können sich im Laufe des Lebens verändern! Eine junge Frau, die ihre Mutter bisher immer als Verräterin gesehen hat, versteht ihre Mutter plötzlich: keine Verräterin mehr, sondern eine junge Frau, die im Stich gelassen wurde. Schicksal muss sich nicht wiederholen. Es kommt darauf an, wie man mit den Erfahrungen umgeht."

Erleben Sie solche Wandlungen häufiger?

„Ja, sehr häufig. Bei manchen Pflegekindern spielt die Herkunftsfamilie keine Rolle mehr. Und sieben Jahre später ist plötzlich wieder reger, enger Kontakt da."

Mit der eigenen Vergangenheit abschließen: Das geht also gar nicht?

„Genau. Wir sagen: Da gärt noch viel."

Wenn alles veränderbar, nichts sicher ist – wie soll man denn da ein entspanntes Leben führen?

„Man beschäftigt sich ja nicht ständig damit! Ein Kollege hat Menschen untersucht, die als Kind im Konzentrationslager gelebt haben. Manche waren sich in der Hauptphase ihres Lebens sicher, alles gut im Griff zu haben. Und im Alter tauchten die Erinnerungen wieder auf. So wie bei Menschen, die als Neugeborene adoptiert wurden – die ein langes, glückliches Leben hatten und sich im Alter plötzlich fragen: Was war da eigentlich mit meiner Mutter los? Das passiert oft, wenn sie gebrechlich werden. Eine Art körperbezogene Erinnerung."

Am Ende unseres Gesprächs erzählt Klaus Wolf eine Geschichte. Sie geht mir lange nicht aus dem Kopf.

Er besuchte einmal ein Mädchen für ein Interview. Elf, zwölf Jahre alt. Schwierige Vergangenheit. Sie spielten auf dem Boden. Er staunte, wie fröhlich das Kind war. Irgendwann strahlte es und rief: „Ich hab ja zwei Mamas!" Er verstand sie so: „Und du arme Sau hast nur eine!"

Vielleicht muss es gar nicht die Urkatastrophe im Leben eines Menschen sein, nicht bei seinen Eltern aufzuwachsen?

Man kann den Gedanken zynisch finden. Weil es den Verlust des Kindes irgendwie kleiner macht, wenn man sagt: Du kannst womöglich lernen, damit umzugehen. Und: Bei deinen leiblichen Eltern wäre es dir schlechter gegangen.

Aber man kann es auch anders sehen: Man kann sagen, dass diese Kinder die Chance haben, die ganze Scheiße hinter sich zu lassen.

Oder zu dem Schluss zu kommen: Das ist gar keine Scheiße gewesen.

VI. Vater

Manchmal, sagt Gerry Holzapfel, hält er es kaum aus: Wenn Weihnachten ist, oder an Silvester. Weil er dann immer denken muss: „Wär das schön, wenn er jetzt hier wär, bei mir." Er geht dann lange spazieren oder telefoniert mit seinem Bruder. Und manchmal, wenn es ganz schlimm wird, er es kaum mehr aushält und nur noch schauen muss, dass der Sturm aus Trauer und Schmerz in seinem Kopf aufhört: Möbel rücken.

Er muss lachen.

„Nee, echt, ich stell dann die ganze Wohnung um. Das hilft."

Sein Sohn Frederik muss auch lachen. Sogar Frau Müller lacht.

Frau Müller ist die Frau, die Gerry Holzapfels Sohn aufgenommen hat. Er nennt sie so: Frau Müller. Sie siezen sich. Seit damals, vor fast neun Jahren, als sie sich kennengelernt haben. Frederik war drei Monate alt, sein Vater konnte nicht für ihn sorgen (er will nicht darüber sprechen, warum), und Frederik sollte fortan bei ihr leben.

Frau Müller. Herr Holzapfel.

Frederik sagt Mama und Papa.

Frederik ist neun Jahre alt. Rotes Haar und ein Lächeln, das einen umhaut, das noch breiter wird, wenn ihm sein Vater durch die Haare fährt. Man sieht dann seine Grübchen.

Sein Vater hat die gleichen. „Wie aus dem Gesicht geschnitten, oder?", sagt Herr Holzapfel, seine Augen flehen. Zum Glück wohnt Frau Müller auch in Bremen. Herr Holzapfel hat das Sorgerecht und darf Frederik jede Woche sehen.

Sie spielen dann Tischtennis oder gehen schwimmen, manchmal auch zu dritt. Sie waren auch schon bei Werder Bremen im Stadion. Sie sehen sich zwei, drei Stunden, dann holt Frau Müller ihn wieder ab.

Frau Müller sagt: „Wir haben sogar seinen neunten Geburtstag zusammen gefeiert."

»Was sagt Statistik denn über den Einzelnen aus? Nichts«

Klaus Wolf hat zu Pflegekindern geforscht. Er wirbt dafür, ihre Stärken zu sehen und vor allem: jedes einzeln zu betrachten

Frederik sagt: „Das war schön! Es ist schön, wenn meine Eltern was zusammen machen."

Sie waren Kart fahren, einen ganzen Vormittag lang. Frederik hatte seine Freunde eingeladen.

Frau Müller sagt: „Da war er so stolz: weil sein Papa da war. Er hat seinen Freunden gesagt: Das ist mein Papa! Es war so wichtig für ihn zu zeigen: Den gibt's wirklich!"

Herr Holzapfel sagt: „Es war wunderschön. Es gibt kein anderes Wort dafür. Als er gesagt hat: Das ist mein Papa!"

Frau Müller und Herr Holzapfel machen das, was das Gesetz vorsieht, was in Wirklichkeit aber fast nie vorkommt: Sie arbeiten zusammen.

Sie haben auch gemeinsam entschieden, dass über Frederiks Mutter nicht geredet wird. Nur so viel: Sie wohne irgendwo in der Nähe. Die Betonung liege auf „irgendwo", sagt Herr Holzapfel. Frederik werde der Erste sein, mit dem er über alles reden werde. Wenn er so weit sei.

Er meint Frederik und wohl auch ein bisschen sich selbst.

Welche Rolle bleibt Ihnen noch als Vater, Herr Holzapfel?

„Er kann sich auf mich verlassen. Immer. Wenn er mich anruft, geh ich ran und helfe ihm, auch wenn ich bei der Arbeit bin, mein Vorarbeiter drückt ein Auge zu."

Frau Müller sagt, dass Zuverlässigkeit das Allerwichtigste ist. Wichtiger als Elternrechte. „Ich muss mich auf Herrn Holzapfel verlassen können. Und Frederik auch."

Etwa wenn sie Frederik zu einem Treffen fährt. Andere Pflegemütter könnten nie sagen: Wir fahren zu Papa. Die wissen, dass Papa oft nicht auftaucht, und sagen deswegen: Wir fahren zum Schwimmen. Und erst kurz vorher, wenn sie den Papa am Straßenrand sehen, sagen sie: Wir treffen den Papa. „Bei uns ist das anders. Ich kann immer sagen: Wir fahren zu Papa."

Sie sieht zu ihrem Sohn: „Herr Holzapfel sagt auch nie: Bald wirst du bei mir wohnen. Ich weiß, dass er das nicht sagt, und das gibt mir Sicherheit."

So hat sie nicht von Anfang an gedacht. Es war auch für sie schwierig. Erziehung allein ist schwierig, und mit jedem, der mitredet, wird es noch schwieriger.

Sie mussten beide loslassen, ein bisschen.

Herr Holzapfel sagt, er habe sich eigentlich von dem Gedanken verabschiedet, dass Frederik zu ihm zurückkommen soll. Es gehe ihm ja gut, so wie es ist. Er wolle ihn da nicht mehr rausreißen. „Das wär für ihn noch ein Genickbruch."

Soweit ich weiß, wurde Frederik nie geschlagen.

Er ist ein Pflegekind. Die Statistik sagt, dass Pflegekinder häufiger geschlagen werden, häufiger zuschlagen, häufiger im Gefängnis landen, häufiger Suizid begehen.

Aber was sagt Statistik über den Einzelfall aus? Nichts.

Es gibt die Vorstellung, dass Eltern, die als Kind Gewalt erfahren haben, diese Erfahrung an ihre Kinder weitergeben. Forscher nennen das „Cycle Of Violence". Der Kreislauf der Gewalt.

Die Vorstellung ist verbreitet. Sie klingt logisch. Wer getreten wird, tritt selbst. Druck, der Gegendruck erzeugt.

Dabei haben, laut Professor Fegert, Studien auf der ganzen Welt etwas anderes ergeben: 80 Prozent der Kinder mit Gewalterfahrung schaffen als Erwachsene mit ihren Kindern einen Neuanfang.

Kein ewiger Kreis. Kein Schicksal.

Kinder, die ohne ihre Eltern aufwachsen müssen, sind eine uralte menschliche Konstante. Die alten Schriftreligionen beschäftigen sich damit. Forscher. Schriftsteller. Eine existenzielle Not, die einen Ausweg erfordert: Handeln, Gesetze – oder Fantasie.

Die Geschichten der Menschen sind voll mit Waisen und Pflegekindern, Moses, Pippi Langstrumpf, Harry Potter.

Ihre fehlenden oder doppelten Eltern sind kein Makel, sie machen sie interessant.

Sogar Jesus hatte zwei Papas. ‹

»Ich finde, wir sollten mal reden. *Über uns.* Über das hier«

... sagt die Protagonistin in Julia Bernhards Comic, während sie sich anzieht. Und reden ist in Beziehungen natürlich immer gut – lesen aber auch. Acht Bücher über alles Zwischenmenschliche

Wie gut, dass wir darüber geredet haben

Julia Bernhard
96 Seiten, 20 Euro
Avant, 2019

Eine passiv-aggressive Oma, ein diarrhöischer Mops, Liebe und Unterhosen – die Berliner Illustratorin Julia Bernhard hat für diesen Band zu Recht den Max-und-Moritz-Preis für das beste deutschsprachige Comic-Debüt bekommen. Die Jury lobte die Mischung „aus polierten Oberflächen und dem abgrundtiefen Desinteresse am menschlichen Gegenüber".

Wie man einen Diktator satt bekommt

Witold Szabłowksi
320 Seiten, 24 Euro
Katapult, 2021

Es ist eine enge, moralisch fragwürdige, oft lebensgefährliche Beziehung am Arbeitsplatz: Tyrannen und ihre Leibköch*innen. Der polnische Journalist hat mit den Menschen gesprochen, die Pol Pot versorgt haben und Fidel Castro, Idi Amin und Saddam Hussein. Eine Reise über vier Kontinente und durch die Geschichte des 20. und 21. Jahrhunderts.

Allein

Daniel Schreiber
160 Seiten, 20 Euro
Hanser, 2021

17,6 Millionen Menschen in Deutschland leben allein – und viele sind mutmaßlich Singles, also ohne feste Beziehung. Einer von ihnen ist der Berliner Autor Daniel Schreiber, Mitte 40, Großstadtmensch, kein Partner, keine Kinder. Muss er sich dafür schämen? Ist er gescheitert? Sein Buch bietet mehr Fragen als Antworten und ist kein Ratgeber, sondern eine Streitschrift.

Unsere Mütter

Silia Wiebe
239 Seiten, 20 Euro
Klett-Cotta, 2019

„Wie Töchter sie lieben und mit ihnen kämpfen" lautet der Untertitel des Buchs, für das Silia Wiebe zwölf Frauen getroffen hat. Eine von ihnen wurde adoptiert und hat ihre leibliche Mutter erst mit 64 Jahren kennengelernt, eine andere hat selbst sieben Kinder und wäre ohne die Hilfe ihrer Mutter verzweifelt. Liebevolle Mütter tauchen auf und solche, die keine Bindung zu ihrer Tochter aufbauen können.

Lebenskompliz*innen

Nils Pickert
288 Seiten, 19 Euro
Beltz, 2022

Liebe auf Augenhöhe – so untertitelt Nils Pickert sein Buch, und das will er für alle Paarbeziehungen: echte Gleichberechtigung. Alles 50/50 aufzuteilen, das meint der Feminist damit gerade nicht. Sondern die Befreiung aus gesellschaftlich verordneten Rollen und von überhöhten Erwartungen: „Dieses Buch ist ein Frontalangriff auf die romantische Liebe mit dem Ziel, die Liebe zu retten."

Wo ist meine Schwester?

Sven Nordqvist
32 Seiten, 19,90 Euro
Oetinger, 2008

Am bekanntesten ist Nordqvist in Deutschland für seine Bücher über eine ganz besondere Beziehung zwischen einem alten Mann und seinem Kater. In diesem großformatigen Bilderbuch tauchen „Pettersson und Findus" nicht auf, ihr Autor aber hat einen modernen Klassiker geschaffen, in den sich auch Erwachsene versenken können: Ein kleiner Bruder sucht seine große Schwester.

Between Girls

Karen Marshall
268 Seiten, 39,90 Euro
Kehrer, 2021

Was passiert zwischen 16-jährigen Mädchen und ihren Freundinnen? Das wollte die Fotografin verstehen und begann 1985, Molly Brover und ihre Clique zu begleiten: bei Übernachtungspartys, auf den Straßen von New York, beim Abhängen mit Jungs. Zehn Monate später wurde Molly von einem Auto angefahren und starb. Marshall dokumentierte 30 weitere Jahre das Leben der anderen Frauen.

Was ist sexuelles Kapital?

Eva Illouz, Dana Kaplan
125 Seiten, 22 Euro
Suhrkamp, 2021

Warum der Heiratsmarkt nicht zufällig so heißt: Die beiden israelischen Soziologinnen zeigen, was Wirtschaft mit Sexualität zu tun hat und warum sexuelle Befreiung noch lange nicht die Befreiung vom Neoliberalismus bedeutet – sondern im Gegenteil hervorragend zu den Anforderungen des freien Marktes passt. Und wie wenig ausgerechnet unsere intimsten Beziehungen nur mit uns zu tun haben.

Die Welt von GEO

GEO WISSEN N°. 77 *erscheint am 10. August 2022*

WOHLLEBENS WELT

Gartenliebe

Vom Glück der Ernte

Gemüse und Obst im Supermarkt einkaufen, das kann jeder und jede. Die Samen selbst einsetzen, gießen und pflegen ist dagegen viel spannender. Und keine Ernte ist so frisch und beglückend wie die eigene. WOHLLEBENS WELT EXTRA widmet sich allen Gartenliebhaber*innen. Wie entstehen Beete, die ganzjährig Köstlichkeiten abwerfen? Welche Beerensträucher und Obstbäume sind für den Anbau besonders geeignet? Wie schafft man ein Paradies der Artenvielfalt? Alles rund um naturnahes Gärtnern.

WOHLLEBENS WELT EXTRA
hat einen Umfang von 118 Seiten und kostet 8 Euro. Weitere Themen: Schnecken und Co • Tolle Knollen: Kartoffeln • Vielfalt der Tomaten • Saatgut herstellen • Urban Farming

GEO WISSEN ERNÄHRUNG

Weltküche

Das Beste von allen Kontinenten

Ob zartes Sushi, sämiges Risotto oder scharfe Tacos: Die Küchen dieser Welt haben unseren Speiseplan um eine Fülle an Aromen, Gewürzen und Spezialitäten bereichert. Doch wie sind die landestypischen Esskulturen entstanden? Welche Nation isst besonders gesund? Und warum sind manche Speisen bei uns tabu? GEO WISSEN ERNÄHRUNG erklärt die Kochtraditionen ferner Länder, liefert vielfältige Rezepte für exotischen Genuss und zeigt in einem umfassenden Dossier, was wir kulinarisch etwa von Japan, Israel oder Vietnam lernen können.

GEO WISSEN ERNÄHRUNG
hat 148 Seiten Umfang und kostet 11 Euro. Weitere Themen: Heilkraft der Gewürze • Das Geheimnis von Salz, Fett, Säure, Hitze • Welternährung • Die Geschichte des Umami

WALDEN

Frei Schnauze

Tiere, Wildnis, Abenteuer

Als der US-Schriftsteller Henry David Thoreau 1845 an den Walden Pond zieht, ist er bald auf Du und Du mit Ottern und Vögeln. Grund, es ihm gleichzutun: WALDEN 28 dreht sich um Outdoor-Abenteuer für Tierfreunde und Streuner! Wie reist es sich mit Hund, Katze, Huhn und Esel? Fünf Gespanne erzählen von ihren Trips im Van, mit Rad, zu Fuß, Huf und Pfote. Nachtschwärmer Dominik Eulberg, DJ und Biologe, belauscht Fledermäuse im Westerwald. Und Kolumnist Markus Herrmann geht auf Wildtierkamera-Safari im eigenen Garten.

WALDEN Nr. 28
hat 124 Seiten Umfang und kostet 9,50 Euro. Weitere Themen: Christo Foersters Tour von der Zugspitze bis Sylt • Buffalo Bill in Deutschland • Mach's einfach: Ein Tiny House für Vögel